U0754476

▶很多人之所以会成为思想上的巨人，行动上的矮子，原因在于比起想到就去做，他们更喜欢先将一切计划得十分完美之后才动手。这无形中会消耗许多时间，而到了不得不动手那一刻，因为时间有限，他们会发现怎么做都没有想象中完美，并因此产生厌倦心理。由此可见，与计划完美与否相比，更重要的是你要先行动起来。

▶为了抵御长期做一件事带来的焦虑感，人们有时会选择寻找新鲜事物来刺激自己，但这种新鲜感往往并不持久，一旦刺激降低，焦虑的感觉便会再次出现，于是人们便会再去寻找新鲜的刺激，拖延便由此开始了。要想避免这种情况，可以先从更容易让人感到满足的事情入手，一次只做一件事，逐渐累积成就感。

▶生活在世间，每个人都会有一些不想面对的东西：也许是伤痛的过往，也许是一段失败的感情，也许是让人难堪的挫折……这本无可厚非。但是，当逃避成为一种习惯，它就会横在你面前，阻碍你成长。因为你已经习惯了看到机会就躲，看到困难就逃，慢慢地，你就会变成一个碌碌无为的人。

▶阿德勒认为，人的行为源自于他们对自己以及这个世界的看法。而我们主观感受到的并不一定是真实的，很可能只是我们的错觉。因此，正如塞内加所说："如何解释现实世界的意义，要看我们内在的诠释风格和方式。"所以，只有当我们的主观认识与现实世界产生矛盾时，我们才会修正我们的看法，并发自内心地接受这一切。

▶对于普通人来说，拥有负面想法是很正常的，而与一般人不同的是，意志力强大的人从不会让这些负面想法变成自己的绊脚石；正好相反，他们会认真应对这些负面情绪，在自己的内心与之对话，以此来激励自己，提高自己。

▶有些人的习惯性逃避行为与童年创伤有关：父母的高标准严要求，使得孩子害怕失败，觉得一旦失败就会产生灾难性的后果，因此，逃避就成了一种变相的保护机制。如果你也属于这种类型的人，那么，要想改变逃避的习惯，你首先要做的是看到并正视童年的创伤，然后去治愈它。伤口愈合后，你要建立新的习惯来代替原来的逃避行为，慢慢地，你就会看到自己发生了显著的变化。

不放弃的勇气

各种退缩症以及自控力、意志力提升

叶舟 著

台海出版社

图书在版编目（CIP）数据

不放弃的勇气 / 叶舟著. -- 北京：台海出版社，
2018.1

ISBN 978-7-5168-1730-8

Ⅰ.①不… Ⅱ.①叶… Ⅲ.①人生哲学－通俗读物

Ⅳ.①B821-49

中国版本图书馆CIP数据核字（2017）第318017号

不放弃的勇气

著　者：叶　舟

责任编辑：姚红梅　　　　　　　装帧设计：MM末末美书
版式设计：曹　敏　　　　　　　责任印制：蔡　旭

出版发行：台海出版社

地　　址：北京市东城区景山东街20号　邮政编码：100009
电　　话：010 - 64041652（发行，邮购）
传　　真：010 - 84045799（总编室）
网　　址：www.taimeng.org.cn/thcbs/default.htm
E - mail：thcbs@126.com

经　　销：全国各地新华书店
印　　刷：天津嘉杰印务有限公司
本书如有破损、缺页、装订错误，请与本社联系调换

开　本：150mm×210mm　　　　1/32
字　数：103千字　　　　　　　印　张：7
版　次：2018年3月第1版　　　印　次：2018年3月第1次印刷
书　号：ISBN 978-7-5168-1730-8

定　价：32.00元

前言 为什么我们总是那么容易放弃

荀子说过：不积跬步，无以至千里；不积小流，无以成江海。

现实生活中，有很多人在做事时往往只开个头，之后就选择了放弃。为什么他们会这么容易放弃？其实原因很简单，因为怕输。当然，人人都会怕输，只是怕的程度有所不同。如果人们曾在某一方面受过刺激，并因此而导致其对自己这一方面的能力十分不自信，那么，再遇到类似情况时就有可能产生过分害怕的心理。但是，并不是所有人都会放弃，有些人是可以坚持下来的，那么，那些总是轻易放弃的人又经历了怎样的一个心理历程呢？

　　在我们身边，总会有一种人，只要他们头脑中有想做某件事的念头，就会马上告诉自己：算了，我不是那块料。这种人就是典型的容易放弃的类型，而说到他们思维模式的形成，首先要从他们所受的教育谈起。

　　人们之所以很多时候会有"我不是这块料"的想法，大多是因为小时候受到过父母或是其他成年人的影响。孩子做事往往凭借的是好奇心和兴趣，但是父母却不是这么想的，随着孩子年龄的不断增长，他们会对孩子有越来越多的期待，也就产生了我们所说的心理学概念上的期待效应。

　　因此，当孩子本来是无意识也毫无约束地去做一件事情的时候，父母却会在不经意间为其设立目标，只要孩子做的不符合这个标准那就是不对的。这个时候他们也往往会冒出一句"你不是那块料，还是该干什么就干什么去吧"。久而久之，孩子们就会认为自己真的不是干很多事情的"那块料"，也就出现了开头我们所说的，做任何事都只开了个头就选择放弃的情形。

　　这种"自己不是那块料"式的思维模式会跟随一个人的一生，深深影响着他的思维。即便在成年后，碰到自己喜欢的事，他第一反应也是：我能做好吗？然后就会找寻千万个理由告诉自己"这件事是多么的难，只有少数人可以做"，对了，只有少数人，我肯定不在其中，所以就直接选择了放弃。

不过幸好，这种容易退缩、放弃的心理并不是无药可医的。我们可以依据心理学中环境疗愈的理念，激发每个人与生俱来的潜能，在满足内在需要的环境下，通过良好的互动与响应，让这种潜能得以生长，只要人们学会合理使用它，就能达到实现自我的目的。

本书在对各种退缩症的出现，以及容易放弃的根本原因进行深入分析的同时，还利用心理学知识，对如何提高人们的自控力和意志力提出了科学的指导意见，以期读者能在此基础上，达到灵活运用心理学知识，有效激发自己内在潜能的目的。只要心中充满力量，你就可以朝着心目中的自我大踏步前进。

目　　录

Contents

Contents

C   o   n   t   e   n   t   s

第七章　转变心态，做内心强大的自己

第一章

逃避退缩，我们那无处安放的不安全感

1.逃避成功就永远不会成功

　　我们每个人都有一些想要逃避的事情，面对这些事情，我们选择了退缩，但是，当退缩成了习惯，就成了我们迈向成功之路上最大的绊脚石。

　　人的一生中，不管是在学业上，还是在事业上，总会遇见各种各样的瓶颈。为什么有些人很容易就能突破瓶颈，顺利地获取成功，而有的人却永远只是在"原地打转"？归根结底，这取决于你的潜意识里到底是热爱成功还是在逃避成功。逃避成功，从心理学上看，属于回避症的症结。而具有这一症结的人通常属于逃避型人格，最明显的表现就是行为退缩、心理自卑，面对挑战，多采取回避态度或者根本无法应对。

"成功只属于别人"，这种想法在现代社会中并不少见，而这种想法大多来自于每个人的成长经历。谁的人生都不可能始终一帆风顺，磕磕碰碰总是在所难免的，而在回避型人格的人看来，自己的知识总是不够，能力总是不足，甚至总是缺乏机遇与合适的环境，所以根本无法成功。换句话说，回避型人格的人群身上都有不同程度的自卑感。

在心理学家看来，自卑感是一种因无法胜任某事而产生的痛苦感，这其中也包括一个人因某些缺陷（生理或心理上的）而产生的轻视自己的感觉，这种源于孩童时期的感觉如果一直无法得到妥善处理，时间久了就变成了其人格的一部分，这也就是退缩行为和遇事回避的态度的心理来源。

1.为什么你一有压力就想放弃

之所以成功者总是少数，是因为更多人在面对压力时，首先想到的总是放弃和逃避，而不是想方设法地去争取成功。心理学上对此的解释是，因自卑心理作怪而不能正确认识和对待自己，而要想消除一个人的自卑心理，就必须从改变对自己的认识入手。

生活中，我们总会遇见这样的人，他们总是抱怨：我每天一起来就感觉事情好多，压力好大，不管是工作上的事还是家里的事好像一直都做不完似的，我总在想是不是有哪些事情是可以放弃不做的，因为感觉压力太大了，我真是有点受不了了。听着听着，你是不是也在那一刹那突然意识到，原来自己的生活也是如此。压力那么大，事情那么多，为什么不能把事情重新安排一下，先把某些事情放弃掉，等有时间后再想办法去应对。

如果你真的这么做了，那么你就有可能要和成功擦肩而过了。因为你选择了放弃，就逃避了成功。其实，在面对压力的时候，你可以给自己鼓励，给自己壮壮胆，告诉自己："我一定会成功，一定会的！"或者不妨自问："人人都能干，我为什么不能干？我不也是人吗？"假如你是怀着这种"豁出去了"的心理去从事自己的工作，那成功的概率就会增大，你的自信心也会越来越强。

不过，即使你真的热爱成功，也要懂得量力而行。不要将所有的事情都规划到同一时间去做，也不要总想着舍弃一些，而是要学会分时间段做事情，一段时间做一件事。这样一来，就不会出现逼迫自己的现象，压力也就不会那么大。

即使有的时候还是会有压力，也不会因为事情太多首先选择放弃，而是想着选择用什么方法去有效解决。

2.选择自己最感兴趣的事情去做

马尔科姆·福布斯曾说过："人们一生中所犯的最大的一个错误就是没有去做他们最为享受的那件事。"他的意思很明显，如果你想在一项事业中获得成功，就要挑选自己最为感兴趣的那项事业去做，而不是埋没在你没有兴趣的事业中。

没有兴趣的话，即便你投身进去，也只是一时的干劲，一段时间后你就会因为这样那样的原因而选择放弃。就比如，有的人喜欢健身，甚至达到了热爱的程度，这个时候如果让这个人开一家健身中心的话，是不是一定会盈利呢？答案是不一定。为什么？因为这个人只是热爱健身，而不是热爱开健身中心，这两者是存在区别的。

美国心理学会前任主席、"积极心理学之父"马丁·塞利格曼教授曾在其所著的《真实的幸福》一书中指出："幸福的生活就是找出你的优势并发挥它。"换句话说就是你要选择自己最感兴趣的事情去做。无论是在职场上，还是在生活上，都应该着重去探索自己最"擅长做的事"。

因为你只有感兴趣才会多用心，多用心就会擅长，当我们去完成"自己擅长做的事情"时，受到来自外界的称赞、关爱和注意会让我们更有信心去做事情。

就如上文所说的让那个热爱健身的人来经营健身中心。如果他对运营毫无兴趣，那么早晚会被其他热爱这项事业的同行淘汰掉。

精神分析学派的观点告诉我们，潜意识是很难或根本无法觉察到的，但它却会影响我们日常生活的方方面面。如果你真的热爱一件事，那你即便是整天埋头于这件事中也不会觉得无聊，这样一来，你在这个领域内往往就能出类拔萃。而如果你在做一件你不热爱的事情，那么势必会因无聊而感到疲累。

所以，想要获得成功，首先要找到自己所热爱的事情，然后有针对性地在你所热爱的这个领域内去努力攀登直到登顶。这就是心理学所说的，假如一个人只能做好他喜欢的事情，那么，有些人的成功原因就在于他喜欢自己的工作。

在自己的职业发展过程当中，如果你总是遇到瓶颈，那么你先要考虑自己是否"画了张吃不到的大饼"，自己是否真的热爱自己现在所从事的行业。如果你不热爱自己的工作，那么你在遇到瓶颈的时候，当然很难去突破，做再多的事情都只能是徒劳。

所谓职业性格，也即职业人格，从心理学意义上来讲，是指一种先天、内在而稳定的心理动力组织，而不是指一个人的智商、专业水平与工作经验等各类显性的职业能力，这种非智力因素会对一个人的岗位匹配能力、职业环境适应能力、职业成就的高低造成影响，也决定了这个人在职业生涯中能获得多大的发展空间。

因此，在总结自己为什么那么容易放弃时，大家先要考虑自己是否真的热爱成功，还是一直都在逃避成功：是因为自卑，认为自己什么事情都做不好，就此错失了成功的机会；还是因为自己选择方面的错误，一直做的都是无用功，所以不能成功。

如果你想要获取成功，就要多参考心理学家所说的有关职业与个人内在气质是否相符的标准。只有先弄清楚自己是否合适，再明确目标，明确行动，才会更容易获得成功。

2. 回避痛苦并不能降低痛苦

对于"痛苦"，每个人有不同的定义：羞耻、愤怒、悲哀、绝望……

没有人生来喜欢痛苦，逃避痛苦更是人类的天性。人类在生命的历程中总是想尽种种方法来避免痛苦，但是，对于大多数人来说，痛苦却是成长历程中所必不可少的，即使你再痛恨它，却也离不开它。想要成功迈向强者之路，首先你必须要学会接受痛苦并享受它。就心理学意义上来讲，痛苦是帮助我们获得存在感的重要感觉。不痛苦，不成长。

1.每个人都在不断成长，痛苦会时刻伴随左右

其实痛苦并没有那么恐怖。只不过我们在承受痛苦的时候，会不由自主地给予自己一些刻意的心理暗示，从而加重

了内心的恐慌，心理学家森田正马称之为精神交互作用。其实很多时候，是我们自己加重了痛苦对自身的影响。我们在内心深处将痛苦无限放大，并沉浸在无能、不幸和无价值的感觉中，甚至有时，即使我们已经知道这种情绪很可能是被渲染过的、是夸大的，却依旧选择相信这被夸大的痛苦。

心理学家告诉我们：由内心的冲突倾向所产生的失望，会把我们抛入不幸的深渊。很多时候，往往是我们自己把一些平常的失败夸张成一种无可挽回的耻辱，当我们得不到自我肯定后，自尊心就会一落千丈。此时，如果一味地逃避，痛苦不但不能被削弱，甚至还会被无限放大。如果你选择了泡吧、赌博、酗酒等根本无益于人生目标实现的方式，那你很可能就要痛苦一辈子了。

2.承受痛苦是一种人体的防御方式

心理学家认为，对于人类来说，承受痛苦具备一定的直接防御价值，能够成为人类保护自己避免危险的有效方式。现实生活中，痛苦有时不是消极的，而是人体自我保护的重要信号。有些人会通过自我谴责来避免遭人谴责和谴责他人，或是为了求得别人的谅解而表现出生病或是无知的样子，这些做法虽然给自己本身带来痛苦，但同时也成为一种防御手段。

当然，我们当中没有几个人能做到旁观自己的内心和生活，而我们想要让自己不痛苦，就要学会与痛苦共同生存，而不是逃避痛苦。就像是人类要想不断成长就要不断体验骨骼酸痛一样，痛苦也会激励着我们不断去超越自身的极限。

当你不再逃避痛苦，而是选择接受时，你就会发现，痛苦能够以一种经过伪装，更加有效的方式，来表达对他人的谴责。换句话说，痛苦会成为我们获得爱和帮助的手段。如果没有了痛苦，我们人生的道路上可能就不会再有那么多的进步和超越。这也就是很多心理学家所说的，逃避并不是降低痛苦的有效方法，只有不断接触新的痛感，才能让我们一直保持警醒状态，才能获得追求更高境界的动力。

3.痛苦激励我们更努力地去生活

在动物界中，很多动物都有着惊人的自我恢复能力，比如蚯蚓，斩断也能生存，再比如狼，唾液具有消毒消炎的作用。心理学家发现，人类也有近似于动物的自我恢复能力，那就是人的心理受伤后的自我恢复的能力，简单地说，只要我们足够信任自己，是完全可以从痛苦中自愈的。

仔细想想，其实很多时候生活是给了我们选择的机会的：除了父母是自己不能选择的，其他的诸如如何对待自己，和谁做朋友，上不上学，上不上班，上什么班等等都在可选择的范围之内。也许有些人会反驳说，你说的这些父母或是一些亲近的人会给自己做决定的，也不是自己可以选择的。对于这点，答案其实很简单：你选择了让别人给你做决定，就不要反过来说这些决定让你痛苦。换句话说，是你自己选择了痛苦，同时也不愿意去做出改变，那么你就只能继续活在痛苦中。这其实就是心理学上的不作为现象。

大家往往会因这些事而痛苦：一直对吃很执着却又觉得自己过度肥胖；觉得和某个朋友相处很不适却不愿意说清楚；觉得男朋友是渣男却又不愿意分手；结婚后丈夫（老婆）出轨，打着为孩子着想的名义不离婚……其实，这些痛苦都是你自己做出的选择，一方面你想脱离痛苦，但另一方面你又没有任何实际行动，痛苦怎么可能会自动退散？

心理学家李子勋说："我们可以自由选择自己的生活，这与他人无关，但选择的结果就是我们也要有勇气承担选择的责任；只有害怕对选择负责的人才会深陷难以选择的痛苦中。"

人生来就是一种趋利避害的生物，为什么痛苦会如影随形？因为没有痛苦的生活是不真实的。为什么越逃避痛苦越痛苦？因为生活从来就不是一帆风顺的。世界在发展，变幻是常事，快乐只是偶然性的，不快乐却是生活的常态，我们不可能逃避或越过这个常态，而直接去寻求偶然性的东西。体验是最重要的，有了体验你就有了收获，你的生命也就因此而有了更多的价值。

等你的生活阅历多一些之后，就能发现痛苦会成为我们生活的一种习惯，而这种习惯在很多时候，给我们带来的益处大于坏处。

我们所生活的世界并不是完美的，所以，我们越想逃避痛苦就会越痛苦，与其这样，还不如坦然面对痛苦，并想办法克服痛苦，这样生活才会给我们带来意想不到的收获。

3. 你为什么害怕与人相处

生活中，你有没有出现过或是见过这些情况：看到陌生人就想逃避，不敢单独和陌生人会面，只要是在人多的场合演讲，就会出现心跳手抖或是感觉神经性的发抖。严重时哪怕是在公共场合打电话都不敢，只要有人注视，动作就会变得很陌生，大脑一片空白，并且常伴有心慌、颤抖、出汗、呼吸困难等症状。神奇的是，只要一脱离陌生的地方或是公共场所，异常就会消失，完全不影响生活，但只要再次进入这些场合，想逃避的想法就会愈演愈烈，症状也会再次出现。

如果这些不安情绪是暂时的，并不会影响到正常生活，很多人都会选择无视；但如果这些不安情绪影响到人的正常生活，甚至成了一种严重的心理问题，那就必须引起大家的重视。这种症状在心理学上被称为社交恐惧症。

1.社交恐惧症的由来

社交恐惧症，简单地说就是一个人在进行社交时所伴随的心理障碍，是一种对所有社交或公开场合感到强烈恐惧或忧虑的精神疾病，在心理学上也被称为社交焦虑障碍、社交焦虑症、见人恐惧症等。社交恐惧症是恐惧症中最为常见的一种类型，其主要的表现有：害怕不安、不敢交友和自我封闭等。患上社交恐惧症的人群因为不敢社交，从而导致自身的社交欲望得不到满足，因此就会产生焦虑，甚至是孤独的情绪，严重时就会选择逃避现实，活在自身觉得安全的虚幻中。

社交恐惧症是一种让患者感到非常痛苦的心理障碍，会对患者的生活造成严重影响。有关社交恐惧症产生的原因，心理学家认为，大多是因为患者太过于在乎和顾忌他人的评价，太看重外界的影响而造成的。而具体的原因包括：

其一，家庭的影响。

每个孩子的成长都不可避免地会受到家庭的影响，即受到家庭的结构、父母的教养方式以及兄弟姐妹相处的情形的影响，而这些对于社交恐惧症的发生和发展都起着一定的作用。

举例来说，如果一个孩子在家里经常受到批评，感觉不到父母对自己的爱，那么他长大后很容易出现不信任别人的问题，从而造成社交困难。

其二，社会的压力。

压力过大就会崩溃，因此，压抑也是使人患上社交恐惧症的原因之一。有时候你不想面对什么，你就会选择自我压抑，下意识地要将这些东西埋藏起来。然而，这些东西并不会被真的埋葬掉，而是会在暗中改变我们的潜意识，从而导致社交恐惧症的形成。

其三，长久的堆积。

很多事情都不是一蹴而就，而是慢慢积累形成的，社交恐惧症也是如此。一个人如果从小开始在社交上就出现了一些问题，但是家长或是身边的人没有在意，问题就会随着年龄的增长而不断积累，当量变到达一定程度后发生了质变，其结果就会让人十分痛苦。

2.社交恐惧症是普遍存在的

很多人都觉得社交恐惧症是一种非常严重，但只会发生在懦弱、胆小的人身上的病症，其实不然。像我们平常见到的那些神采奕奕的政界人士和大明星，他们中有很多人也有着轻微的社交恐惧症，在面对陌生人或是进行演讲时也有手心出汗和词不达意的时候，比如：电影明星凯瑟琳·戴尼维就曾表示，自己在公众场合讲话时会感到非常紧张。只不过与别的与社交恐惧症患者不同的是，他们更懂得如何调适自己的内心，让自己能够在短时间内恢复到一种自如的状态，不影响自己在生活、工作中正常与人交往。而与他们不同的是，大多数患者则具有一种普遍而严重的回避倾向。

社交恐惧症主要包括：

（1）红脸恐惧症。当一个人遇到羞涩和难为情的事情时，就会不由自主地脸红、手心出汗等，这都是很正常的，而红脸恐惧症则不然。如果一个人患有红脸恐惧症，那么当他们遇到羞涩和难为情的事情时不仅会脸红，还会非常担心自己在公众场合被人关注或谈论，接着就会不由自主地做出一系列更加不自然的表情动作，从而让自己尴尬难堪，久而久之，他们就会越来越恐惧社交。

（2）对视恐惧症。这种症状的患者，在与人交往的过程中，尤其是在一对一的交往中，会很害怕与对方的视线相碰，不敢看对方的眼睛，交流的过程中始终回避他人的目光，更有甚者会选择放弃交流。比如，走在路上害怕和行人的目光碰撞，不敢抬头；出行时总是选择避开高峰时段，或选择走僻静小道。

（3）露丑恐惧症。害怕自己在与人交往的过程中，被人看到"丑陋、肮脏"的一面，因而在与人交往的过程中，不自觉地做出一些滑稽可笑、幼稚愚蠢甚至是不雅的举动或事情，比如说话时语无伦次等。

（4）交往恐惧症。这种症状在生活中比较常见，但同时也是一种较典型的和较严重的恐惧症表现形式。患了交往恐惧症的人群，在与人交往的过程中，常常会不自觉地产生强烈的恐惧感，从而出现焦虑不安、心慌气短的现象，严重时还会出现头晕恶心、四肢发软甚至晕厥。这种症状的患者严重时会拒绝与任何人（除亲属外）发生接触，大大影响了自己的生活。

如果你出现了社交恐惧症，千万不要过于担心，首先要做的一点就是对自己充满信心，向那些克服了恐惧症的名人学习，找准方法，迅速调整好自己的心态。这个世界上没有十全十美的人，每个人都有着一些不足之处。所以，既不要随意扩大自己的缺点，也不要无限夸大别人的优点，每个人有缺点也有优点，只要我们选择与人积极结交，就能成为社交中的优秀一员。

同时，要学会接受自己，接纳自我。只有在认可自己的基础上，你才能增强自信心，如果连自己都不认可自己，那又何谈自身的价值呢？"我在故我好"，只要活着，就一定是有价值的，"天生我材必有用"，你自身的价值跟你现在的表现无关，甚至跟你的成就无关。

总而言之，克服社交恐惧症要有一个过程，对于一般性的害怕与人交往的情绪，可以选择多训练自己，提高自己的自信心来加强和提升交际能力，严重时可选择咨询心理医生。但无论怎样，都需切记一点：克服社交恐惧症不可能一蹴而就，一步到位，其间必定会出现反复，这时，你一定要坚定意志，并保持心胸开阔，只要坚持下去，长此以往，你就能摆脱社交恐惧，拥有一个健康的人生。

4. 亲爱的，你患上了爱情恐惧症

放假在家，儿时的玩伴晓雯来找我，一进门就语气焦急："我……我最近遇见了一个男孩，感觉还可以，他昨天表白了，我没答应。我……说不上来为什么，我觉得……"

看着她焦急的模样，我猜她是患上了爱情恐惧症。

爱情恐惧症，指的是人们对爱情的一种恐惧感，或是对某种物体或某种环境的一种无理性的、不适当的恐惧感。很多时候，只要面对这种物体或环境时，爱情恐惧症的患者就会直接感到一种极端的恐惧，从而想方设法逃避。

1.爱情恐惧症是一种流行病

爱情恐惧症在现代人中并不少见，有些人或是因为自己曾受过爱情方面的伤害，或是因为见过被爱情所伤的人，从而对恋爱产生恐惧。因为恐惧全力付出却得不到好的结果，所以在爱情来临时，会变得犹豫不决、踟蹰不前。

大多数人一旦陷入爱情，就难免会患得患失，想要期待对方以同样的认真态度对待自己，更希望自己的爱情最终会有一个非常好的结局。但如果周边的人或自己之前的恋爱经验，都在告诉你恋爱有多惨烈，那么，你在投入到一段新的感情前就很可能犹豫再三，心中反复思量：如果我遇人不淑，那还不如不接受，这样一来就不会受伤害；或是接受了，但一直担心这份感情不会长久。久而久之，这样的心理会在你与恋人的相处中表现出来，恋人会发现你对待他/她忽冷忽热、时近时远，最终因为受不住而选择放弃。

对于这种现象，蔡康永在《蔡康永爱情短信：未知的恋人》中有过生动的描写："上段恋情，全心投入，结果重伤。于是这次恋爱怕受伤，就很保留。这意味着：上次那个伤你的烂人，得到最完整的你，而这次这个发展中的情人，得到个很冷淡的你。我知你是保护自己，但这若是做生意，你这店一定倒的。永不再来的恶客，得到最好服务，而新客上门，却备受冷落，这店怎么不倒？"

心理学家说现代都市的女子心理特征是不浪漫、不多情，而这也是我们社会现代化过程中极易出现的现象：很多白领开始选择将爱情放在一边，相信只要工作好人生就好，如果能有属于自己的一份事业，其他的都无所谓了，因为物质能给自己带来所有的满足。虽然现代女性的独立令人欣喜，但我们不禁要问：难道独立就一定要以放弃爱情作为条件吗？物质上的富足真的能带来所有满足吗？

想象一下，如果以后人类变得没有能力与人相处，没有愿望和人相爱，随着现代化的不断推进，爱情恐惧症也在世界范围内开始蔓延，到那时，世界会变成什么样子？即使物质再富足，人们的精神世界恐怕早已变得一片荒芜！

2.心病还需心药医

对于爱情恐惧症，心理疗法能起到极大的作用，它能够让爱情恐惧症患者摆脱疾病的困扰，放心大胆地去爱，和和美美地生活。

《幸福心理学》中有这样一句话："亲密可以让我们逃避自我，也可以让我们面对自我。逃避时，亲密成为轮回；面对时，亲密成为心灵自由的踏板。"

不是所有的人一恋爱就能拥有王子公主的幸福结局。人们总要先遇到各种不合适的，才能知道什么样的最适合自己。在恋爱中，如果一味地追究谁对谁错是可笑的，恋爱不是"非黑即白"，女巫也有她的智慧和坚持，公主也有她的愚蠢和可笑。童话，只是童话，不是现实。

因此，在面对爱情时，你需要有正确的认识，让自己走出对爱情的恐惧。如果你发现靠自己实在无能为力，还可以求助心理医生，通常对于爱情恐惧症，心理医生会选择以下几种疗法：

（1）认知疗法。这是一种以灌输观念为主要方式的心理治疗方法。具体实施方法是：医生会不断向你重复这种对爱情的恐惧是非正常的这一观念，等你头脑中对这一观念有了印象之后，再为你重塑人与人之间正常的交往程序与方法。

（2）强迫疗法。采取这种治疗的心理医生会让你站在人来人往的大街上，或是你之前很惧怕的异性面前，通过心理刺激对你进行强迫治疗。

（3）催眠疗法。这种疗法要靠精神分析师运用催眠的方法帮你找到病源，但耗时长久，且费用较高。

（4）情景治疗法。运用这种疗法的心理医生会为你制造一个假想空间，然后通过不断地模拟发生症状的情节，然后借由鼓励的方式让你适应假想中的恐惧，最终不再害怕。

5. 抑郁的本质就是逃避生活

"对于21世纪的人类来说，最流行的病既不是癌症，也不是肝病，而是心理病。"

随着现代社会生活节奏的加快，不知从何时开始，我们身边有了越来越多的心理疾病患者，而就其危害性来说，在众多的心理疾病中，抑郁症首当其冲。根据世界卫生组织的报告显示，抑郁症已经成为迄今为止全球第四大疾病，同时也是导致患者功能残疾的主要原因之一，其中的数据表明，全球大约有1/7的人会在自己人生的某个阶段中感到抑郁。

在中国，截止到2016年，已确诊的抑郁症患者已逾3000万。而有关抑郁症的治疗问题，据调查，在这3000万抑郁症患者中，曾得到专业的救助和治疗的人数不足10%，更不要说还有相当多数量的患者根本没有意识到自己患有抑郁症，诊治更是无从谈起。

1.生活忙碌，你抑郁了吗

现代社会中，因环境变化与生活节奏过快，导致很多人的心理压力过大，经常性的紧张焦虑。在一篇名为《你的生活压力有多大？》的问卷调查中，清楚地展示了该小组针对90名职员进行调查的结果，在这群职员中，高达66.7%的人都感觉自己的工作有压力，而36.7%的职员们表示自己每天要工作10小时以上，半数职员还表示自己每天只有不足8小时的睡眠时间。

这样高压力、快节奏的生活，如果再加上嘈杂的生活环境，那么后果就是很多人的情绪会一直处于紧张状态，时间一长，抑郁、焦虑、烦躁等心理病症状就会显现，如果不注意、不关注、不解决，等到问题严重时会直接影响到人们的工作和生活。

生活中，我们可能或多或少地会接触到一些抑郁症患者，这些患者在大多数情况下都是沉默寡言的，不经意间喃喃自语，偶尔还会歇斯底里。但是很多人都不清楚什么程度上的心理和精神问题才真正属于抑郁症，是不是情绪低落的时间过长就是抑郁症呢？

其实不然，心理学上对于抑郁症的定义是：抑郁症又称抑郁障碍，其主要的临床特征是以显著而持久的心境低落为主，也是心境障碍的主要类型。虽然每个人都会有情绪低落的时候，但是这种暂时的抑郁、烦闷并不是抑郁症。

也就是说，其实大家都有负面情绪，但如同饮酒一样，只要将负面情绪控制在一定的量之内，就不会受到影响，而一旦超过这个量，醉酒伤身就难避免了。而看一个人是否患有抑郁症，可持续观察其负面情绪是否持续两周以上，是否无法自我调整，是否已严重影响到工作、学习和家庭生活，只要答案全部为是，就可以被确诊为抑郁症。

心理学家建议，如果抑郁症程度较轻，完全可以通过自我转移注意力的方式，再加上专业医生的疏导来治愈；如果是中度及以上的，就需要专业的心理治疗和药物治疗来控制病情了。比如：有的患者自卑抑郁，甚至悲观厌世，存在自杀企图或行为的就需要专业心理医生的疏导和药物治疗。

2.抑郁情绪是如何展成为抑郁症的

心理学上抑郁症的主要特征是：患者表现出情绪低落、兴趣减退和无愉快感，而且这种感觉会直接占据患者一天中的绝大部分时光，且通常持续至少两周的时间或以上；出现睡眠障碍，疲乏、便秘、喉头及胸部缩窄感、头痛、颈背部疼痛、体重减轻、心血管症状；精力缺乏或感到极度疲乏；焦虑或反应迟钝，记忆力直线下降；注意力不能集中或者决策困难；无价值感或自我罪恶感；胃肠功能紊乱症状，尿频，胸闷，气短，性欲下降，部分女性出现月经紊乱；有死亡或自杀的念头，甚至有自杀行为等。

如果一个人满足5条以上症状，包括第1、2条症状，并且时间已经持续至少两周以上，就可以确定，他患上了抑郁症。

当代社会竞争日益激烈，导致人们承受的压力越来越多，抑郁症患者的数量也在明显增多，而这其中，女性患抑郁症的概率通常高于男性。出现这种现象的原因多来自于基因、心理及生理特征等，甚至在女性某些特殊的年龄段及生理时期，心理上更容易产生紧张焦虑情绪，比如：妊娠期、哺乳期、更年期等。

抑郁症的主要发病机理是：总是过度要求自我，造成心理疲惫，当这种心理疲惫经常性地出现，并且开始不断投射时，患者就会认定自己非常不愉快，然后会不自觉地用生活中的现象加强自我认定的这种定义，直至最后深陷其中。

那么，究竟如何做才能不让抑郁情绪向抑郁症转变？心理学家们开出了这样一张"药方"：1.拥有良好的生活习惯，保证自身充足的睡眠时间；2.利用身边的资源巧妙转移不良情绪，多结交一些性格乐观向上、能够互相交流谈心的朋友；3.多参加户外活动，通过加强锻炼来舒缓压力；4.在闲暇的时光中，多看有益的书籍、电影等等，通过共感、感动来培养自身具备积极向上的情感态度。

美国著名心理学家塞利格曼曾提出一个"幸福公式"：总幸福指数 = 先天的遗传素质 + 后天的环境 | 你能主动控制的心理力量（$H = S + C + V$）。其实这个公式要表达的意思很简单，如果你希望自己更加幸福，那请你选择让自己生活在这种类型的环境中：常和朋友在一起，有丰富的社交生活，有自己的信仰，拥有美满婚姻……这其中最重要的一点是你能掌握的力量，即你如何控制自己的心理力量。

第二章

自我治愈，提升你的自控力

1. 成功的要素要去自己的内心寻找

面对困难，如果逃避退缩，那么困难就会越变越强大，如果我们能坚定自己的意志力，不畏惧、不怯弱，摆正心态，正视困难，想办法解决，困难就会迎刃而解。

世界上有两种动物能够到达金字塔尖，分别是翱翔的苍鹰和慢吞吞的蜗牛，它们的成功告诉我们：只要你的内心能够到的地方，就能留下你不屈的脚印。内心的既定是成功的基础，因为成功不会逃跑，会逃跑的永远都只是我们自己。

我们为什么会在面对困难时产生逃跑的想法？因为我们畏惧通往成功之路上的艰难险阻，害怕自己会在追求成功的途中遭遇失败，害怕自己最后会后悔踏上这条艰辛的路。

美国著名影星奥黛丽·赫本曾说："从心理学角度说，我的坚定信念来自内心的不安和自卑感。既然我无法克服表演时的紧张，就只能脚踏实地、全神贯注，付出最大的努力。"由此可见，成功的基础来源于你内心的坚定。

1.心态决定命运

人的心态决定了我们过什么样的生活。如果我们的心态积极阳光，那即使生活残酷如地狱也会快乐、安详；如果我们的心态灰暗，那即使我们身处天堂也会觉得日子黯淡无光。

著名女演员莎拉·伯恩哈特，从艺50多年，一直都是非常有名的大明星，也是各大剧院中皇后级的影星。但她光彩背后的演艺之路并非一路顺逐。71岁那年，莎拉因为选择不慎，一夕之间一无所有。紧接着，她的身体也出现了问题，在一次横渡大西洋的旅途中，她的腿因意外受伤，又没有好好地治疗，之后相继感染了静脉炎，并发腿痉挛，最终医生建议她锯掉自己的腿。

这样的晴天霹雳，相信很多人听到后都会大受打击甚至自此一蹶不振，但莎拉并没有，她在听到医生踌躇着讲出这个消息后，冷静地说："如果真的如你所说的非这样做不可的话，那就按你所说的做吧。"

手术之前，当医生和护士都异常忙碌时，莎拉没有表现出一丝担心，而是一直都在背诵她曾演过的一场戏中的台词。有人忍不住内心的好奇，问她："你是为了给自己打气才这样做的吗？"她回答："当然不是的。我这样做是为了能够让医生和护士们没有压力，从而高兴起来。"

即使是被推进手术室时，儿子因担心而哭泣时，莎拉仍旧微笑着朝他挥挥手说："我一会儿就回来了，不要担心。"

幸好，手术进行得非常顺利，之后，莎拉逐渐地恢复了。术后的她依旧有着乐观向上的生活态度，她一如既往地环游着世界，而且在这次手术后的7年时间里，很多的观众又再次目睹了她那迷人的风采。

莎拉用自身的经历告诉我们：心态对一个人的成功起着非常重要的作用。

美国著名心理学家特尔曼曾经对800名男性进行了为期30年的追踪研究调查，最终结果表明，这些人中成就最大的与成绩最小的各占总人数的20%，而他们之间最大的不同就在于他们能否具有良好的心态，也就是内心是否坚定，而不是像大家通常所认为的那样，是因为智力水平存在差异。在这些人中，成就最大的往往是那些具有自信、自强、谨慎等品格，同时还具备坚持性和抗挫折的人。哪怕是智力平常的人士，只要他们拥有坚强意志和优良品格，最终也同样取得了惊人的成就。

2.内心坚定，执着前行就能成功

想要获得成功，内心坚定是必不可少的。如果一个人没有坚定的信念，没有突破窠臼的勇气和魄力，做起事来就难免瞻前顾后，原地踏步，落后于他人，最终一事无成。只有始终坚持自己的内心，跟随内心的方向去努力的人，才有可能让自己成就不凡的未来。

很多人在大学刚毕业时，都会选择去大公司或是能让自己一展拳脚的地方，但就是有这样一位姑娘，她没有那么做，而是选择进了一家名不见经传的百货集团，做着一个月不到3000元的管培生。

当然，这并不是因为姑娘自身条件不好，要知道，在姑娘所在的同批毕业生中，她的各项成绩都是名列前茅的。朋友们都不理解她，甚至觉得她现在所处的这个职位根本配不上她的学历和能力。但姑娘自己并不这么认为，她坚信这个行业是很有发展前途的，她愿意从底层做起，慢慢学习和成长。秉承着这样的信念，不管是在商场中跑东跑西，还是在超市的生鲜科学习如何杀鱼，姑娘都做得很好，没一句怨言。

几年的时间过去了，这位姑娘仍然在这家公司工作，而她的职位已经从管培生升到了运营总监助理，当然，薪资也与刚毕业时不可同日而语了。

同学聚会时，当听到大家都在抱怨自己从事的行业不好，没有前途，想要跳槽等等时，这位姑娘却乐呵呵地说："我们公司还有很多厉害的前辈，我都没到他们一半呢，怎么能说环境不行呢？还是我不够优秀。"

这个故事中的姑娘就是我们所说的内心坚定的人，她专注于自己的选择，不因外界的声音而轻易动摇，有韧性，肯努力，所以成功才会选择她。

心理学家认为：内心强大的人通常都具有强大的意志

力，这样的人往往能够坚持走常人所不敢走的路，也正是因为走过这些路，他们的心灵得到锻炼，才会变得强大，这是一个正向循环的过程。

也许有的时候，你觉得自己在追寻内心的道路上已经走了很长一段时间，看不到未来，感到惶恐不安，想要放弃，这时，你不妨放缓自己的脚步，毕竟一个人如果坚持得太久而看不到结果，内心或多或少都会有些沮丧，你可以选择找个人发泄一下，将自己的心声大声说出来，或者没心没肺地去玩，将不被世人理解的委屈和努力的心酸发泄出来。

当然，发泄之后，你还是要继续追寻自己的内心，坚定不移地去做，才能让自己顺利实现内心的想法，从而获得成功。

2. 战胜恐惧，别让精神枯萎

　　有一个著名的心理实验，这个实验的内容是科学家们在一位死囚的身上进行的：首先告知这位死囚，他会被一点一点放血而死，接着把这位死囚的眼睛蒙上，然后用一块薄薄的冰块在其手腕上迅速地划了一下，在手腕上方悬挂一个跟人体水温差不多的水注满的吊瓶，一端放置于死囚的手腕上，水流就这样缓缓地流淌下去，手腕下方放了一个铁桶，水流就滴答滴答地流入铁桶中，这个死囚听见水流的声音以为是自己的血在淌，身体渐渐变得冰冷。

　　最后，这个死囚死了，死状就像一个真正的失血者一样，区别在于其身体上没有划痕，也没有真的失血。为什么会如此？因为这个死囚是被放血的恐惧活活吓死的。

心理学家认为：恐惧是能摧残一个人的意志和生命的，很多时候，恐惧会影响人的身心健康使之精疲力竭，直至产生不可挽回的后果。"黎巴嫩文坛骄子"纪伯伦曾这样写道："在患难中，诞生最强大的化身，最伟大的精神也会因恐惧而枯萎。"

1.恐惧会让人陷入无尽的痛苦中

在人类已知的所有悲观情绪中，"恐惧"所起的负面作用最大。恐惧是我们自身将害怕、担心和自卑、追求完美交织融合之后的产物，因为恐惧，面对很多的事情我们会直接选择放弃，"因噎废食"导致多少悲剧的出现。

日本著名心理学家森田正马指出：人所产生的恐惧感与自身的思想相通，当一个人的思想中的有关于欲望的东西与实际发生的情形相反时，就会产生恐惧的负面情绪。

对此，他认为应该这样解决：

在生活中顺应自然地感应恐惧情绪，千万不要以自己主观想法去套客观事物。同时要认识规律，承认外在的很多东西都是不能以个人意志为转移的，比如：别人对某件事的看法与你相同。

加强自身的自信心训练，多关注自己的优点。我们要时刻坚信"自己是独一无二的"，很多时候"我们之所以不幸福，是因为我们总拿自己没有的和别人拥有的比较"。

把注意力多放到自己会感兴趣的事情上去，先找一件比较容易做的，同时自身也很有把握能做好的事情去做，等到成功后，可以选择用同样的方法确定下一个目标，接着努力去完成。周而复始，反复训练，再加上不断地学习，最终我们总能消除恐惧给我们带来的影响。

2.格式化痛苦，轻装上阵

生活中，为了能够战胜恐惧，让自己更快地向前看，更好地去努力，需要我们格式化自身的痛苦，忘掉自己生活中一切的不美好，以轻松的状态去工作和生活，这样一来才能创造出新的精彩生活，这在心理学上被称为提升自身的控制力。自控力与肌肉力量十分类似，这两者都会在不断的使用过程中变弱，但可以通过休息得到补充，并且也会随着练习而不断加强。

人，只要活在这个世间中，无论你处于哪个年龄段，都躲不过生活给予的压力挑战。而生活中的一些不愉快，生老病死、下岗失业、亲朋反目、家庭不和、邻里纠纷……它们就像是我们身后甩不掉的小尾巴，久而久之就成了我们心灵中的"死结"。如果我们不能有效控制自我，格式化痛苦，勇敢地去面对和解决问题，轻装上阵，成功就会离我们越来越远。

心理学家指出，有效提升自身的控制力，对个人的行为乃至整个人生，都有着极其重要的影响。

对于刚刚新婚不久的海伦来说，生活似乎跟她开了一个大"玩笑"：本来拥有着令人艳羡的幸福生活的她，丈夫因车祸在出差途中突然身亡，当她匆匆赶去处理完丈夫的后事后，又被查出乳腺癌。

听闻消息的朋友们纷纷来到海伦的家中，他们担心海伦承受不住打击会想不开，所以，大家做了一个约定：晚上轮流到海伦家陪她过夜。出人意料的是，海伦却并没有因此而变得悲观憔悴，正好相反，海伦依旧和以前一样，照旧有说有笑，把一个人的日子过得有滋有味、有声有色。

朋友们傻眼了，讨论之后甚至认为海伦是不是受打击太大，精神出现了问题，可海伦却笑着回答："每个人的生命都是非常脆弱的，因而，我们不能让它承受过多有关痛苦的记忆，很多时候，忘却一些不快乐的记忆对我们来说是一种幸福。让那些拥有着快乐往事的人永远只记着快乐，让那些拥有痛苦往事的人永远彻底地忘却痛苦，生活才能丰富起来。所以，我做的只是把自己的记忆进行'格式化'，让自己忘掉那些不美好，只留下美好的事情。"朋友们听到海伦的回答，唏嘘不已，既感叹海伦看事情的豁达，也佩服她的坚强。

显然，海伦是一个自控力很强的人，所以才能理智地对待自己的痛苦情绪，将其控制在自己能承受的范围内，不给自己过多的压力。

在生活中，自控力除了能帮我们缓解痛苦，也能帮我们避免痛苦。心理学家认为：自控力强的人往往能够抑制自己的冲动，表现出更积极的处理问题的态度，而自控力不足的人却往往会使矛盾激化。我们知道，有时生活中的痛苦仅仅是因为一时冲动，比如和别人发生误会，而采取了极端行为，如果你有很强的自控力，就能抑制住自己的冲动，让自己冷静下来，更好地处理问题。

3. 每个人都是自己的治疗师

心理学家兰格和罗丁做过这样一个实验：

把康涅狄格疗养院的老年病人分为两组进行试验：第一组，让看护者们对老人们表现出正常的、温暖的、有同情心的照顾，同时，还对老人们时刻强调这个概念："我们的职责是让你们为这个家感到自豪和幸福。"而第二组，则让看护者对老人们说："你们可以过任何你们想要的生活。"相比较第一组，第二组更强调给老人们选择的权利，老人们可以自己做些小决定和履行一定的责任。

等到三周过后，汇总研究数据后发现：第二组的老人要比第一组的老人表现得更加机敏、有活力和快乐。

兰格和罗丁因此得出一个结论：如果给予一个被迫失去

自我决策权和控制感的人一种自我责任感，那就能够有效提高他对生活的控制感，同时给予他们自我决定的机会的话，他们的生活质量会随之提高，生活态度也会变得更加积极。

1.你的生活掌握在你自己手中

心理学家巴甫洛夫认为：暗示是人类最简单、最典型的条件反射。而自我暗示，就是激励自己最有效的手段之一。如果你想早日过上自己想过的生活，那么不管处于何时何地，面对何种苦难，你都要在心里告诉自己：我能行。只要你对生活始终抱有坚定的信念，不放弃自己，也就不会再因挫折而龟缩起来，当你不被挫折苦难轻易打倒时，你的人生也就一点点地被改写了。

贝多芬，德国最伟大的音乐家之一，和莫扎特、海顿并称为"维也纳三杰"。贝多芬一生中创作出了大量的优秀作品，《英雄》《命运交响曲》《田园交响曲》《欢乐颂》等都已成为经典，广为流传。

虽然在音乐界，贝多芬获得了很高的荣誉，但他的人生并不是一帆风顺的：从很小的时候开始，他就被酒鬼父亲逼着练琴，比起疼爱儿子，父亲更看重名利，所以很多时候为了挤出更多时间练琴甚至不让贝多芬睡觉，而且只要贝多芬稍有弹错，就会招致父亲的打骂。辛苦的童年没有泯灭贝多芬对音乐的热爱，也没有压抑住他在音乐上的天赋，4岁时，他已经能够弹奏羽管键琴，8岁起就开始登台演出，被誉为音乐神童。13岁时，贝多芬已经发表了自己的第一首作品《钢琴变奏曲》。可是命运并未优待这位音乐天才。1787年，贝多芬的母亲因病早逝，生活的重担压在了年仅17岁的贝多芬身上，他一面要养活年幼的弟弟，照顾酗酒的父亲，一面仍未放弃对音乐的追求，继续拜师学习音乐创作。

经过不懈的努力，到1800年，30岁的贝多芬已经成为维也纳公认的首屈一指的音乐大师，可在此之前，26岁时贝多芬就已经发现自己的耳朵出了问题，听力在日渐衰退。失聪对于任何一个从事音乐创作的人来说，都无异于晴天霹雳，但贝多芬却没有就此放弃，凭借着对音乐的执着与热爱，他不断激励自己："我要扼住命运的咽喉，它永远不能让我屈服。"46岁时，贝多芬彻底失去了听力，可他仍未放弃音乐创作，直至去世。尽管命运多舛，可贝多芬从未屈服，不仅如此，还取得了令世界瞩目的音乐成就，这其中，他坚强不屈的毅力，和对自我不懈的激励起到了很大的作用。

心理学家发现，假如一个人从来没有或很少进行自我激励的话，在他做事情的时候，最多只能发挥自身全部能力的30%，而那些经常能够进行自我激励的人，做事情的成功概率则高达80%以上，几乎是前者的三倍之多。

由此可以看出，自我激励对一个人的成功起着举足轻重的作用。要想将生活掌握在我们自己手中，不因外力而偏离航线，我们需要不断对自己进行激励，这能帮助我们调整自身的情绪状态，让我们以更加积极的态度去面对生活。

心理学家建议：当我们面对失败、突如其来的困难和恐惧时，要这样激励自己："直面困难和恐惧，我的未来可以更美好。"

2.目标明确，治愈内心

在生活中，想要坚持自己最初的梦想是一件并不容易的事情。很多时候，我们在追求最初梦想的道路上，会逐渐地被别人、被周围环境同化，以致到了最后，会发现自己早已不再记得最初的梦想是什么了。

很多人在发现这种情况后，会为自己找借口，甚至满足于现状，不管哪种做法，对于个人长期发展都是不利的。那么，要怎样做才能让自己在制定了目标之后尽可能久地坚持下去呢？除了我们前面说过的要有自控力、有毅力之外，制定目标的方法也很重要。

心理学家曾经做过一项研究，心理学家选出了一组实验对象，让他们自己给自己树立一个目标，之后进行了很长一段时间的追踪。研究结果显示：最成功的就是那些刚开始给自己设定目标最具体、明确的人。

这其中有两个人对比最明显：这两人之前都因为家庭不和睦而苦恼，一名男子为自己设定的目标是：每天做到对妻子和颜悦色和平相待。后来，他果真就办到了。而另一个男子，虽然想法和他差不多，但是他在设定的目标的时候，只是非常笼统地说以后要对家里的人好一些，结果，他只坚持了几天就又回到了原来的老样子，每天照样和家人吵架。

这两个人的例子告诉我们一个道理，那就是目标设定得越明确，坚持下来的希望就越大。因此，要想让自己更好地完成目标，就先要学会把你的目标设定得尽可能具体明确。和"我今年打算多读一些书"或是"我打算多进行一些体育锻炼"相比，"我计划一周中周一、三、五的每个晚上读一个小时的书""我打算每天早晨步行45分钟"显然更容易做到也更容易坚持下去。

　　人生难免遇到十字路口，各种突发情况也会让人变得迷茫，不知道属于自己的那条正确的路在哪儿，该如何走，或是自己距离成功还有多远。但不管怎样，你可以一时徘徊不前，但绝不能就此随波逐流。越是在这种时刻，就越要先让自己冷静下来，叩问自己的心灵，找到自己最初所要实现的目标，并且坚定地走下去。

　　不要因为一时的迷失而停下自己追逐梦想的脚步，将生活掌握在自己手中，光明的未来就会在不远处等着你。

4. 让世界看到最好的你

人的心理被认为是最富魅力的宇宙，很多时候，如果我们想得到这世上最好的东西，就必须先让世界看到最好的自己。

如果你想变得更加强大，就不能逃避成长的痛苦，做你力所能及的事，并尽自己最大的努力做到最好，成就最好的自己，把最好的自己给予这个世界，就能赢得世界给予你的奖励。

1.获得认可，不断提升自己

生活并不完美，但那又怎样，我们依旧可以用自己的双眼去发现美、创造美。

每一天都是一个新的开始。我们每天都可以给自己设定目标：从今天起，给自己更多崭新的可能，一定要跟过去那个浮躁、粗心、消极、懈怠的自己挥手作别。只要我们迎向阳光，阴影就永远被甩在身后；只要我们决心改变，世界就会回报我们一个新的开始。

要想获得认可，我们最有把握做到的事情就是成为最好的自己，这是一个不断认识自我、提升自我的过程。

2004年，美国《福布斯》杂志公布了其评选出来的世界100位最有影响力的女性，这其中，时任美国国家安全事务助理的康多莉扎·赖斯被排在了首位。该杂志称，以赖斯为代表的这些女性打破了女性只能通过在幕后工作和顺从来获得影响力的传统观念。

事实也确实如此。我们知道，尽管世界上绝大多数国家的宪法明文规定了男女的平等地位，但由于种种原因，现实中，只有约10%左右的政治实体由女性主导。更何况，赖斯不仅是一名女性，还是一名黑人女性，在种族意识仍然存在的美国政坛中能占据一席之地，赖斯能上榜福布斯可谓实至名归。

为什么赖斯能够做到这些？赖斯的一段话为我们找到了

答案："在实行种族隔离的伯明翰，常听到这样的话：如果你拿出双倍的劲头往前冲，或许能赶上白人的一半。不过也有人愿意付出四倍的辛劳，得以跟白人并驾齐驱。而偶尔，也有人愿意付出八倍的辛劳，得以赶在白人前头。"因为懂得要拥有竞争的资本必须付出更多的努力，所以，赖斯从小就像一块海绵一样，吸收一切能吸收到的知识，不断提升自己：从伯明翰音乐学校的第一位黑人女孩，到圣玛丽学校连跳两级，并在高中毕业的同时读完了大学一年级的优秀学生，从立志成为一名职业钢琴家，到圣母大学的政治学硕士学位和丹佛大学国际研究生院政治学博士学位获得者，从斯坦福大学第一位黑人教务长也是史上最年轻的教务长，到总统国家安全事务助理再到美国国务卿，爱好广泛、精通四种语言的赖斯通过不断地提升自我、奋力拼搏让自己拥有了丰富多彩的人生，也实现了妈妈对她的期望。你的人生目标不是从"白人专用"的店里买到汉堡包，而是，只要你想，并且为之奋斗，你就有可能做成任何大事。

2.树立一个榜样，为之努力奋斗

在心理学上，人格泛指一个人的先天遗传与后天培养的认知、情感、动机、行为方式的总和。在我们人生最初的十几年时间里，在人格中占主导地位的是先天遗传因素，之后，随着年龄不断增长，后天培养的人格因素变得越来越重，并开始渐渐占据主导地位。

人格实际指的是个体适应环境的一种行为方式，是可以通过有意识的培养与努力去改变的。每个人都想拥有理想人格，成为具有人格魅力的人，但如果你对于怎样塑造人格还不十分清楚，那不妨为自己树立一个榜样。所谓榜样，其实就是一种理想人格，或者说是你主观上想成为的那个自我。当你为自己树立起一个榜样后，就会学习榜样的观点、立场，再遇到具体问题时，也会学着用榜样的方法去解决问题，久而久之，榜样的人格也就化为了你自己的人格。

"榜样的力量是无穷的。"有了榜样，也就相当于有了奋斗目标。当然，当目标确定后，需要我们不断地向前推进才能最终实现。如果你不能迈开自己的双脚，你就永远也无法到达奋斗的彼岸。从我们选择了目标那一刻开始，我们需要做的就是每天脚踏实地，风雨兼程，让自己朝着目标奋斗，才能最终实现目标。目标再遥远，也不要轻言放弃。

只要你肯迈出实现目标的第一步，那么你与目标之间的距离就会越来越短。即使是经过了很久的努力只出现了一点点改变，那也比我们始终把奋斗计划停留在脑子里要好得多。

具体来说，我们可以从小处改变自己，什么是小处，比如说：减肥、戒烟、每天多攒下十元钱、每天多走半小时的路等等。但这些微小的改变一点点累积起来之后，你就会发现自己变得越来越自信，而离榜样的距离也越来越小了。

总之，我们以什么态度对待生活，生活就会以同样的态度回报我们。为了能够更好地实现自己的目标，我们要不断提升自己，让自己向心目中的榜样不断靠近。

第三章

磨炼心智，拥有无坚不摧的意志力

1. 警惕头脑中的消极情绪

意志力，是心理学上的一个概念，指的是一个人自觉地确定目的，并根据目的来支配、调节自己的行动，克服各种困难，从而实现目的的品质。

强大的意志力是对抗退缩与放弃行为的一剂良药，更是帮助我们走出人生低谷不可或缺的助力。它能帮我们克服一切困难，不论所经历的时间有多长，付出的代价有多大，无坚不摧的意志力都能够帮助人们达到成功。正因如此，磨炼心智，拥有无坚不摧的意志力对所有人来说都是十分重要的。

很多人都有过这种经历：当我们心情不好时，面对诱惑，抵抗力就会变得很低。举例来说，很多人在遇到化解不开的苦闷时喜欢借酒浇愁，其实这些人未必不知道酗酒不好，也不一定平时就是喜欢贪杯的人，但在心情低落时看到了酒，就往往无法抵挡它的诱惑，明知醒来后还是要面对一切，还是会蒙蔽自己"一醉可以解千愁"。为什么会出现这种情况？心理学家给出了解释，这是因为当你情绪低落时，你的大脑中能够释放出压力荷尔蒙的应激反应感到了压力，想要寻求慰藉，于是，大脑的"奖励系统"就会因此而释放出大量的多巴胺，作出"缓解压力的（虚假）承诺"，这样一来，就直接诱使你选择了放纵。

这就是心理学上常说的消极心理。消极心理有广义和狭义两个概念，从广义上来看，指的是作为个体的人因为自身遗传因素或外在环境因素的影响，衍生出的一种病态的心理。从狭义上来看，则是作为个体的人，心理中的一种消极反应，通常的表现方式为：信心缺失、多疑、愤世嫉俗、看破红尘等等。

1.杜绝消极，用失败激发潜力

事情做不好、前途渺茫、生活无趣……面对这些情形，我们很容易就会出现消极情绪，并因此选择放纵自己，但放纵过后，我们往往会发现结果更糟，从而羞耻感暴涨，然而可怕的是，这时大脑却并没有所谓的"吃一堑，长一智"的感受，而是会选择更大的放纵来抚慰我们那颗受伤的心，久而久之就形成了一种恶性循环，以致最后干脆破罐子破摔：反正已经这样了，不如及时行乐吧！

　　这个世界上，没有哪个人是能随随便便成功的，很多成功人士的道路上也曾荆棘遍布，磨难不断。为什么他们能成为成功人士，别人就不能？是因为他们在面对失败时想到的不是倒下而是继续向前。失败是迈向成功应付的代价，只有在失败中经历了汗水、泪水、失落与疼痛，你才能获得成功。

　　美国第16任总统林肯在一次"最伟大的美国人"选票活动中，位列第二，然而，这位有"诚实的老亚伯"和"伟大的解放者"之称的著名领导者其实并不是一个被命运优待的人，如果形容得更贴切一些，应该说，林肯是一个从各种不幸与失败之中走出来的坚强的人。据统计，林肯一生中大大小小的失败共有35次。经商数度破产，仕途历尽坎坷，可他从未被内心消极情绪打败，而是一次次的失败过后，又一次次爬起，用失败激发自己的潜力，终于在51岁时当选美国总统。任职期间，他以一桩桩丰功伟绩让全美国乃至全世界记住了他。他成功了，但如果他在任何一次失败后一蹶不振，消极应对，就不会有今天我们所知道的林肯了。

没有人能随随便便成功，那些伟大的人在摘取成功的桂冠时，大都带着"失败"的标签走过一程，如果人类学家遇到一次失败就退却不前，那人类的进化史大概至今还停留在上帝创世、女娲造人的程度；如果天文学家遇到一次失败就放弃了探索宇宙的念头，那我们可能至今还认为"天圆地方"，地球上所有人都生活在一个平面上。

如果你正遭遇失败并为此失落不已，就请想想林肯在竞选参议员落选时曾说过的："此路艰辛而泥泞，我一只脚滑了一下，另一只脚因而站不稳。但我缓口气，告诉自己，这不过是滑一跤，并不是死去而爬不起来。"

2.在消极失败中吸取经验

随着社会发展、经济进步，越来越多的人感受到了生存的压力，也越来越渴望成功。渴望成功并没有错，但很多人扭曲了成功的含义，很多时候，一味追求结果，将结果看得过重，不再享受过程，这会给我们的心理造成极大的负担，同时，也会让我们害怕失败。假以时日，这种害怕失败的心理会变成一种固有思维，让我们变得畏手畏脚，以至于很多事还没开始，就已经先败给了自己。

罗曼·罗兰说："累累的创伤，就是生命给你最好的东西，因为在每个创伤上面都标志着前进的一步。"很多时候，我们应从失败中认识到自己的实际状况，重新测量现实与梦想的距离，抱着不屈不挠的无畏精神，向前奋进。

有一个人驱车到乡下办事时，恰遇天黑，车却突然坏了。想要查看车子的问题，他必须找一个千斤顶来，但荒郊野岭，两眼一抹黑，他不知道该怎么办。看着夜色越来越深，他焦头烂额，到底该去哪儿找修车的工具？

四下张望，他突然看到前方有一处亮光，看起来应该是有人家，欣喜之下，他决定上门去借修车工具。他一边走着一边琢磨：万一人家怕是坏人不给自己开门怎么办？就算开了门，人家不借给他怎么办？如果借不到自己又该怎么办？就这样，越走越想，越想越气，等到他走到这户人家门口，敲开门后，竟不管三七二十一，勃然大怒："有什么了不起的，不就是一些修车工具吗？爱借不借，我还不稀罕呢！"
说完转身就走。

这家来应门的人觉得莫名其妙，自己连话都没说上，就
被骂得狗血淋头。

这个借修车工具的人，其实是一个典型的在自我思维里
就已经失败了的人。精神分析学派代表弗洛伊德说："人之
所以会精神失常，或是人格分裂，其根本的原因是有部分人
无法接受这种消极的影响。"

心理学家建议：我们要学会减少和消除自我失败的思
维，坚定自己的内心，向着成功继续进发。很多时候，可怕
的不是失败，而是我们面对失败的恐惧心理，这会使我们深
陷失败思维里无法自拔，以致自怨自艾，失去了找寻新的突
破口的动力，最终在失败里沉沦，再也看不到胜利的曙光。

为什么那些成功的人从不为自己的失败找借口？因为过
多的自我安慰只会让自身的成功无限延期，如果能够冷静、
客观地认识自己，不让自己一直处于失败的思维中，从每一
件小事做起，失败后再爬起来，相信成功不久就会光临。

比如：在遭遇失败后，如果你不选择沉迷在失败的思维

里，而是这样对自己说："这一次虽然失败了，但如果我再加把劲儿的话，下一次就一定能够成功。"久而久之，使得自己的心理接受失败这种消极的现实存在，并以此为奋进的动力，就能驱使自己不断达到更高的层次。

2. 自我调节，训练潜意识

　　生命仅有一次，每个人都该好好珍惜。可是，为什么我们还是会听到或见到有些人选择轻易放弃生命呢？心理学上认为这和人的潜在意识有着非常密切的关系。当一个人因为某些事情感到痛苦时，痛苦就会源源不断地传输给自身的潜意识，潜意识就会忠实地依照信息在情境来临时去实现，因为害怕承受不住痛苦，很多人会选择结束这样的情境甚至自己的生命。

　　潜意识，是心理学上的概念，指的是在人类的心理活动中，那些不能认知或没有认知到的部分，也是人们"已经发生但并未达到意识状态的心理活动过程"。简单地说，其实潜意识就是我们意识里的"相信"，而这种相信很快就会变为真实。比如：有时我们心中一直惧怕某件事发生，日夜挂念着、担心着，没过多长时间，我们就会发现，这件事情真的发生了。而且，往往是我们越不愿意让它发生的事就越容易发生。这也是很多人在事情发生后讲述自己早有预感的由来，这种预感其实指的就是我们长期给予潜意识的信息。

1.潜意识影响我们的行动

世界著名的走钢索专家卡尔·华伦达曾经说过："走钢索才是我真正的人生，其他都只是等待。"秉承着这个理念，他在走钢索的生涯中获得了巨大的成功。意外出现在1978年，那一年，卡尔在波多黎各进行了一场非常重要的表演，在演出过程中，他意外地从75英尺高的钢索上坠下而死。

事后，他的太太对人谈起了卡尔的预感，她说："在表演开始前的三个月，华伦达开始怀疑自己在这次的表演中可能失败，所以他不时忧虑着，万一失败掉下去怎么办？在表演的当天，他因为不放心还一反常态地特别去检查钢索是否牢固，可最后悲剧还是发生了。"

像卡尔这种受潜意识影响的人在心理学上高达90％。

潜意识从我们出生的那一刻就存在，在经过每日的意识沉积之后慢慢形成。潜意识不仅会反映在我们的心理上，更会反映在我们的生理上，人的身体是由自律神经所掌控，而自律神经是由交感神经和副交感神经两者作用而形成。这就等于说，是卡尔的潜意识造成了他行动上的失误，以致酿成悲剧。

由此可见，潜意识对我们的影响有多么巨大。心理学家建议：人们应该力争保持一个健康的心理，因为一个人的心理状态常常直接影响他的人生观、价值观，直接影响到他的某个具体行为。尤其对青年人来讲，一个积极健康的心理状况往往影响了他今后的人生。

2.有意识地训练潜意识

现代社会竞争日益激烈，生活节奏也越来越快，因此很多人或多或少都存在一些心理问题，心理学家认为，这些问题通过自我调节，选择多种多样的形式进行自我放松，是能够有效缓和和排解的。

在登山的过程中不慎滑倒，看着越来越陡的山路，潜意识会让你选择放弃，但如果你选择了放弃，那么你就永远都登不上山顶，看不到更加迷人的风景。心理学家建议：心病还需心药医，想要治愈自己的心病，最关键之处是你要正确去认识和对待它。

我们只有不断地提高自己的心理素质，学会自我调节，有意识地训练自身的潜意识，才能在心理疾患发展的某些阶段成为自己的"心理医生"，掌握自己的内心世界，获取自己想要的成功。

意志力是可以通过修炼获取的。为了能使自身的潜意识储蓄功能更有效率，心理学家还建议：大家可以通过采取一些辅助手段帮助储存，给自身的潜意识输送更多的相关信息。比如：重要资料重复输入，不断学习记忆功能，或是建立看得见的信息资料库——分类保存日记、资料简报、笔记等等。

这样一来，就能够有效保证潜意识中积极因素的存在，源源不断地给潜意识输入新的、有利于积极成功的信息资料，使得积极成功心态能够在我们的潜意识中占据统治地位，最终再由潜意识支配我们行为的直觉习惯和超感。

心理学家建议：对一切消极失败心态信息都要进行有效

控制，不要让它们随便进入我们的潜意识中。抑制它、回避它，只要不让它们污染到我们的大脑思想就可以。

同时还要有效培养自身的潜意识，不断地想象、不断地自我确认、不断地自我暗示。这样反复地练习、反复地输入，我们的潜意识就能在接收到一个指令后，让我们自身的所有的思想和行为都积极配合，朝着目标前进，最终达成目标。

3. 规避"道德许可"的陷阱

"光环效应"是什么？心理学中，"光环效应"本质上是一种以偏概全的认知上的偏误，很多时候也是另一种"道德许可"陷阱，因为很多时候，我们只需要利用一点点美好的部分就能够让所有其他不怎么好的部分都变得光芒四射起来。比如：只要把一盘蔬菜沙拉放在一块巨无霸汉堡的旁边，很多人就会心安理得地享用，觉得自身摄入了更少的卡路里。

从心理层面上来看，在增强意志力的道路上，"道德许可"很大程度上会让我们在做事情的过程中事与愿违。所谓"道德许可"指的是，当我们做了一点点好事后，就会开始感觉良好，并更加相信自己的感觉，以致冲动之下做出一些不好的事情来。

1.可怕的"道德许可"

你有过这样的情形吗？想减肥，却无法控制住美食对自身的诱惑；想学习，却无法抵御娱乐对自己的吸引；想要好好地跟父母说话，却控制不住对父母的大声喊叫……似乎每一件事都与你的想法背道而驰。即便是每天早上醒来你都告诫自己今天一定要认真工作（学习），但每天依旧浑浑噩噩，等到一天结束后，又来哀叹自己效率的低下。

如果一天中我们做了一些自认为好的工作（学习），就会在心底认定自己应当获得奖励，一旦不给予自己奖赏的话，允许我们做一点坏事的念头就会不停地在心底"发酵"，等到我们做了这点坏事之后，还会把这点坏事视为对自己的奖赏。

"道德许可"的影响在我们的生命中有着明显的痕迹。比如：早上锻炼三小时后，必须给自己一块蛋糕犒赏；如果完成一项工作，就必须让自己休息一段时间；甚至给慈善机构捐款都能成为我们逛街买衣服的冠冕堂皇的理由。

普林斯顿大学的心理学家贝努尔莫林曾经做过这样一个

实验：他挑选了一些学生，分为两组，然后给两组学生不同的命题。第一组给出的命题是：（1）大多数女人真的不聪明；（2）大多数女人更适合在家里看孩子，而不是出来工作。第二组命题：（1）有些女人不聪明；（2）有些女人更适合在家看孩子。

从中我们可以看出，第一组命题带有明显的歧视女性色彩，当这个命题一出现，这组学生顿时哗然，反对的声音非常强烈；而第二组的命题相较于第一组，比较中立，这组学生的表现也是比较中立的。

之后，把这两组的学生放到一起，让他们做主考官，参加同一个模拟招聘面试，结果，让人大跌眼镜的事情发生了：曾经强烈反对性别歧视的第一组学生在面试时明显做出了有利于男性候选人的决策，几乎很少录用女性；而第二组的学生则延续了面对命题时的中立态度。

为什么会出现如此奇怪的事情？第一组学生之前明明已经表明了自己反对性别歧视的态度，按大多数人的理解，他们更可能按照这种准则行事，可实验结果却正好相反。其实，这就是心理学上所谓的"道德许可"在作祟。在实验中，第一组学生在明显表现出反对性别歧视的态度后，觉得自己已经获得了"道德许可"，所以，自我感觉就开始迅速膨胀起来，变得非常冲动，而偏向男性候选人就是冲动之下的后果。这就和减肥的人在超负荷运动过后，总会想着给自己吃一些高热量的食物作为奖励是一个道理。

2.坚持自己最初设定的目标

我们经常会在生活中看到这样的情形：吸烟者在听到吸烟的种种危害后，会觉得害怕，然后决定戒烟，可在此之前，会先情不自禁地点燃一根香烟并告诉自己这是最后一根，抽完就开始戒烟；减肥节食一周后，觉得自己付出了很多，选择甜食作为奖励；晨跑几天后，因天气原因中断了一天，这之后，又会给自己找各种理由让这种中断继续下去。其实很多时候我们都明白哪些行为会对自己产生不好的影响，然而却依旧在冲动之下选择了向诱惑屈服。

心理学家认为：我们每个人的身体里都包含有两个自我：一个自我是任意妄为，想要及时行乐；另一个自我则是克服冲动，懂得深谋远虑。比如：要不要吃甜食，要不要减肥等等，其实都是我们身体内的这两个自我在做博弈。如果抵挡住诱惑，说明意志力坚定；如果抵制不住诱惑，大多是我们选择了服从自己的本能。而很多人之所以没能抵挡住冲动，其实是对此结果早已默许认可后进行的无意识行为。

当我们朝向一个目标奋进时，通常每前进一小步，就会感觉自己进步了很多，同时会想要给自己奖励，而正是这种道德上的优越感，让我们在不知不觉间变得不再质疑自己的冲动，忘掉了自己当初设定的目标，向诱惑屈服。

一个人如果缺少对目标坚定执着的精神，那他将永远不会成功。其实我们身边的许多人，他们本来可以有更美好的未来，但就是没能坚定目标，才没有获得期望中的成功。

很久以前，有一位老先生，名叫愚公，有两座高大的山，正好挡在他家门口，家人每次出门都要绕很远很远的路，于是愚公决定将挡在家门口的两座山移开，虽然儿子和孙子都同意他的做法，但是妻子却不同意："不可能的，你连搬一个土丘的力气都没有，还想搬移大山！就算你搬得动，那些挖出来的泥土石块，你要扔到什么地方去呢？"愚公和孩子们听了，都哈哈大笑起来："那有什么困难的！我们可以丢到海里去呀！"第二天，他们便开始了移山的工作。

　　智叟嘲笑他这么老了，还要去移什么山！就是死了也不可能把大山移开来的！愚公则不以为然，他想，自己死了，还有儿子，儿子死了，还有孙子，子子孙孙无穷尽，总有一天我们会把这两座山搬走，天底下没有不能克服的困难。

　　这是个人尽皆知的寓言故事，也有一个人尽皆知的结果——愚公最后成功了。它同样也告诉我们，坚定自己最初设定的目标有多么重要。记住，不要因为一点点小成绩就让自己感觉良好，忘掉那些会让自己堕落的借口，坚持到底才会成功。

4. 勇于尝试，挖掘自身潜力

　　很多人都听过这样一个笑话：一家精神病院里，一位新来的医生每天都能见到一个精神病人撑着伞蹲在地上，不吃不喝，也不肯动，问起原因，病人答道："因为我是一朵蘑菇啊！"

　　但是，很多人可能并不知道这个故事的后续：第二天，医生也撑着伞蹲在病人旁边，病人奇怪地问："你怎么也在这里？"医生答："因为我也是一朵蘑菇啊。"于是两人就并肩蹲在那里。这样过了一会儿之后，医生开始起身走动，病人奇怪地问："你不是蘑菇吗？蘑菇怎么能走啊？"医生回答："蘑菇当然能走！"病人思索片刻，觉得是这样，于是也开始起身跟着医生一起走。又过了一会儿，医生又拿出一瓶水开始喝，病人又问："你不是蘑菇吗？怎么还能喝水啊？"医生再次理所当然地答道："蘑菇当然能喝水！"病人听了，觉得有道理，于是也开始喝水。就这样，一点点循序渐进，几周之后，这个病人终于摆脱了依赖注射营养液生存的状态，开始和正常人一样生活了。

初次听到这个故事，我们只觉得温馨，也感叹医生的耐心，当然，我们在这里不是要从医学角度去讨论这位医生治疗方法的合理性，也不是要从人文关怀的角度去感叹医生对病人的不放弃，而是要告诉大家一个道理：过去的我们无法改变，但是未来却是可以改变的，哪怕对于一个心智不正常的病人，只要你肯尝试去改变他，你也会在他身上看到相应的回报。

不要因为没人尝试过就不敢去做，也不要因为社会习俗或人们的思维习惯认定眼前的情况该是怎样而就失去突破的勇气，"世上本没有路，走的人多了便成了路"。同样的道理，成功本也没有路，成功的路也是一个个有胆量的有志之士开辟出来的。我们要想成功，不能简单地追求"社会认同"，认为只要大家都走的路就是正确的路，而是要勇于去开辟一条属于自己的成功路。

1.用胆量开辟属于自己的道路

在生活中，想要开辟一条属于自己的路是需要胆量的。胆量，指的是不怕危险困难的精神，敢作敢为无所畏惧的魄力。胆量就像是潜伏在我们身上的魔力，如果你选择了将其束之高阁，胆量也会变得畏缩不前，而一旦你放手去做，胆量就会顺势驰骋，引领你奔向成功的码头和幸福的彼岸。

世界著名化工帝国杜邦公司的创始人皮埃尔·杜邦就是一个有胆量的人。1800年一个清晨，被政府放逐的杜邦带领着全家13口人，搭乘"美国鹰号"帆船，横渡大西洋来到梦想中的美国。面对异国他乡陌生的环境和生活，他没有将自己的胆量束之高阁，而是放手使用，展现出自己的非凡商业才能，一步步成就了自己的人生。也正是由于他过人的胆识，加之创新意识和冒险精神，从而成就了"杜邦"的百年辉煌。而到了第五代皮埃尔·杜邦身上，我们再一次见识到了这种超人的胆量，面对当时公司总裁猝死，董事会乱成一团，急于将公司当成包袱一样甩出去的局面，杜邦在经过仔细调研后，凭借过人的胆识接过了众人眼中的烫手山芋，并让它在自己手中恢复了往日雄风。

对于成功来说，胆量是个不可思议的词，我们不知道它会给我们带来什么，但十之八九会让你惊喜。可以说，在某些情况下，胆量决定财富，很多时候想常人之不敢想，做常人之不敢做，你才能收获一份与众不同的喜悦。换句话说，要想让自己的人生充满精彩，就要勇敢地去开辟属于自己的生活。成功往往不是先有了你想拥有的一切，而后才有胆量，而是先有了胆量，你才能开辟出一条与众不同的成功之路。

2.培养自身"超能力"

在美国，有一个名为史蒂文的中年男子，早年间，因为一次意外事故，导致他的双腿无法直立行走，他已经依靠轮椅生活了20年了。在这20年间，他对自己的人生充满失望，觉得自己活着根本就没有任何意义，他几乎每天都依靠酗酒来打发时间，忘记忧愁。

有一天，史蒂文照常移动着自己的轮椅从酒馆出来，准备回家，不料却碰上了劫匪，他拼命地呐喊、反抗，没想到不仅没能获救，反而将劫匪逼急了，一气之下放火烧了他的轮椅。火焰迅速蔓延开来，史蒂文危在旦夕，强烈的求生欲望让他忘记了自己的双腿不能行走，他一跃而起，一口气跑了一条街，等到停下来之后，才发现自己竟然会走了。

现在，史蒂文依然能像正常人一样行走，他找了一份工作，生活得很好。很多人听了这个故事后不禁疑惑：是什么让史蒂文突然之间具有了"超能力"呢？

其实，这并不是什么"超能力"，只是身体在下意识中所做出的本能反应，当然，这其中还涉及了心理学上的一个知识点：关键时刻，人的内在精神会爆发出巨大的力量。著名作家柯林·威尔森对此曾这样写道："在我们的潜意识中，在靠近日常生活意识的表层的地方，有一种'过剩能量储藏箱'，存放着准备使用的能量，就好像存放在银行里个人账户中的钱一样，在我们需要使用的时候，就可以派上用场。"

没错，这就是胆量所能够带来的力量，胆量能够让你发掘出自己所不知道的能量，使你重新认识自己。

为了不让你的潜力就这样无声无息地枯萎死亡，你要做的就是拿出自己的胆量，去勇敢地寻求你的未来。我们每个人都有着自己所不知道的胆量，如果你不拿出它，不激发它，在你的体内还未使用的惊人的创造力就会一直都处于酣睡之中，属于你的成功也会因此沉睡不醒。

5. 缓解压力，让意志力传染

人类是一种群居动物，我们在生活中做出的选择会受到很多他人的想法、意愿和行为的影响，所以人们常说"近朱者赤，近墨者黑"。心理学家们通过研究发现，不管是好习惯还是坏习惯，在人群中都是很容易被传染的。比如：烟民身旁常常也有一群烟民；胖子的身边，总是有着一大群的胖子……

这种传染现象，可以用社会心理学当中的"社会认同"这一理论来进一步解释：通常，当群体里的其他人都在做某事时，我们的身体也会下意识地跟随着这么做。甚至有的人的心中还会想着"别人都这么做了，我也应该这么做"，很多时候，理性的判断力还没有这种群体的影响力强大。

1.镜像神经元

为什么有些人能够轻易获得成功，能够克服万难去建功立业，有些人却不行？

心理学家给出了解释：人的成功来源于人的"心态"。"你的心态就是你真正的主人。""要么你去驾驭生命，要么是生命驾驭你。你的心态决定谁是坐骑，谁是骑师。"心态决定了你是否成功。

我们的大脑中存在一种以建立起我们与他人之间的联系为主要责任的脑细胞，也被称为镜像神经元，它通过在我们的大脑中模拟他人的行为，让我们能够感同身受，并对他人的感觉做出回应。简单地说，镜像神经元能造成人群中行为、情绪和欲望的传染。比如：看电视时，里面的人如果吃饭，很多人就会有下意识吃东西的欲望。这就是我们前面所说的群体中传染现象如此普遍的原因之一。

这种镜像神经元不仅可以传染一些习惯，还能使得我们的意志力在人与人之间自由传染。对此，心理学家建议：我们应当树立自己的意志力榜样，或者与志同道合的小伙伴为伍，利用镜像神经元，去完成自己的意志力挑战。

2.意志力的传染

20世纪中叶，法国巴黎浪漫的夏日街头，一位从南部偏远乡村出来的青年亨利，异常兴奋地走在香榭丽舍大道上，面对繁华都市的流光溢彩，想要成功的渴望在他心底不断叫嚣着。

亨利清楚自己身份的卑微，但为了实现自己心中的梦想，他依旧努力打拼，结果发现成功离自己还是很遥远，于是，他决定借助外力走一些捷径。他开始四处拜访各种社会名流，但是面对这样一位穷小子，没有一位名流会真的想助他一臂之力。

一天，满怀失落的亨利再一次被一位名流拒之门外后，拖着那疲惫的身子游荡在大街上，不知不觉间走到了希尔顿大饭店门前。看着饭店门口那些衣着光鲜、时尚的成功人士，心下苦涩不堪。一位精神矍铄的老者看到他举止奇怪，慢慢地踱到他跟前问道："年轻人，有什么需要帮助的吗？"

亨利神情沮丧，怏怏地说道："我本想着自己能实现一个很大的梦想，但现在我只想走进面前的这个饭店，住最好的房间，吃最贵的大餐。"

老人笑着接口："如果这就是你的梦想的话，我现在就能帮你实现。"说完老者做了一个邀请的动作，带着他朝饭店里走去。

亨利晕晕乎乎地走进了饭店，看到了只有在电视上才见过的世界最高档的餐厅，等到他坐到柔软的皮椅上，耳边传来动听的音乐，看到伸到眼前的餐单，依旧好似在梦中。老者让亨利随意点餐，亨利就这样恍恍惚惚地吃完了饭。等到老者结完账之后，亨利才发现对面的老者正是这家饭店最大的股东凯瑞先生。

好似突然之间想清楚了所有的事情，亨利站起来，朝着老者鞠一躬："谢谢您，我懂得自己该怎么做了……"说完就急匆匆地离开了。

一转眼，10年时间过去了，一天，凯瑞突然接到了一个电话，竟然是那个这几年间不断在零售业界中创造奇迹的亨利，电话中他说一定要专程来拜谢凯瑞，还说是凯瑞的帮助，促使自己走上了成功之路。

凯瑞感到困惑不解，他从没见过亨利，怎么会帮助过他呢？是不是亨利记错了？反正不管如何，凯瑞答应了这次见面。等见到一位风流倜傥的中年人站到自己面前时，凯瑞惊讶地喊道："原来是你啊！"

亨利也是激动万分，握着凯瑞的手，说道："凯瑞先生，谢谢您，当年您把我领进饭店，让我真切地触摸到了梦想原来可以是那样的实实在在，让我在那一刻懂得了——别人固然能够帮助自己实现梦想，但那只是短暂一瞬，我应该把梦想握在自己的手里，像许多成功者那样，去一点一点地顽强打拼……"

凯瑞不禁对他翘起了拇指："说得好，无论是高远还是近切的梦想，都应该握在自己的手里，自己慢慢地去实现……"

这则故事，讲述的就是意志力传染所起的作用。很多时候，他人的行为不仅仅在发生的当下会对我们造成一定的影响，在我们之后的人生中同样会产生一定的影响。不管是遇到意志力薄弱，抑或是意志力坚强的朋友，他们的或坏或好的行为，都会在一定程度上传染我们。所以，如果你认为自己意志力不够坚定，那不妨让自己靠近那些意志力坚定的人，通过他们的传染，帮我们坚定信心，继续奔向成功。

第四章

心理暗示，让焦虑变成奋斗的动力

1. 取消"心理许可"，脱离舒适区

　　第二次世界大战期间，美国因兵力不足，于是，决定组织一批监狱里的犯人上前线战斗。可如何才能让一群基本没有参加过战斗的人成为合格的士兵呢？美国特派了几位心理学家对犯人进行战前的训练和动员，并随他们一起到前线作战。

　　训练期间，心理学家要求犯人们每周给自己最亲近的人写一封信，内容大致为自己在狱中如何表现良好等。三个月后，当这批犯人即将开赴前线时，心理学家们又要求他们给自己的亲人写信，这回信中的内容换成了自己如何服从指挥、表现得有多勇敢等。结果，这批犯人真得如同信中所写的那样，在战场上英勇拼搏，比起正规军来也毫不逊色。

这就是贴标签效应的来历，在心理学上，也被称之为暗示效应。

心理暗示对每个人都发挥着重要的影响，好的暗示能促使我们成功，而坏的暗示则会导致我们一直深陷失败的泥潭。

人生本来就是一场历险，如果一味地追求平安舒适，那就少了很多成功的可能。当然，很多人会说"天有不测风云""失败就在一瞬间"等诸如此类的话，但是，如果我们过于看重意外因素和风险，为了能够让自己生活得平平安安，不敢去冒一点儿险，一直安于现状，待在自己的心理舒适区中，那么，无论如何你都不可能拥有自己所期待的生活。

心理学上对心理舒适区的定义是：人们习惯的一些心理模式，指的是一种感到熟悉、驾轻就熟时的心理状态，只要人们自身的行为超出了这些模式，那么自身就会因此而感到不安、焦虑，甚至恐惧。

心理学家建议：在生活中，如果在面对新工作或是接受新挑战时，内心会因为脱离了舒适区而紧张不安，但请不要就此放弃，要取消"心理许可"，让自己去冒险，收获不一样的未来。

1.冒险是促进成功的力量

求稳，活在舒适区中，生活是一帆风顺，但很可能会让你一事无成，在很大程度上，冒险其实也是促进成功的力量。琼斯经常把这句话挂在嘴边："我这一辈子，要不是胆太小，早就出息了！"即便是在朋友聚会时，他也总是不停地感叹。为什么这样说呢？原来，8年前，琼斯所在的钢铁集团准备改组上市，给予员工一定的福利，允许员工优先认股，每股作价38元。按集团规定，琼斯能够认购500股，不过他认为这样做很是冒险，万一股票跌了，这些就都成了废纸了，他凡事求稳的习惯使他放过了这个机会，最终选择把自己的认股权以1000元的价格卖给了同事。

可是他没想到的是，就在这事儿过去后一个月的时间里，集团的股价竟然涨了10倍，琼斯看着同事们喜气洋洋的脸简直后悔不已。

如果只是这一件事还不会令琼斯这么感叹，其实最让他后悔的一件事情发生在集团上市一年之后，那时他刚刚30岁，正处于人生的黄金岁月中。这一年，他的一个老同学雄心勃勃地跑来和琼斯商量，想和他一起开公司，而公司的业务和发展方向都是琼斯所擅长的。琼斯考虑了很久，最终求稳的心理让他决定还是待在现在的公司比较好，因为自己在这家公司已经待了5年时间，公司前景又这么好，已经成为自己身体与心理双重意义上的舒适区，因此，他拒绝了老同学的提议。而之后，那位老同学果断地辞了职另找他人合开了公司，再后来，琼斯听说那位老同学已经是一个身价千万的大老板了。

所以，如今已年近四十的琼斯每当想起这些事就后悔万分，感叹如果自己能够早点勇敢走出舒适区，可能人生就会是另一番模样了。

其实，走出舒适区后的生活并非像有些人认为的那样难。在心理学上，如果一个人有走出舒适区，并进入到一个新的目标领域的想法，就会增加人的焦虑程度，而由此导致的应激反应能有效提升一个人对工作的专注程度。

同时，新的目标领域的出现，能够在很大程度上促使大家开始构建新的舒适区，这个区域也被称作最佳表现区。在这个区域中，一个人的工作表现将会得到有效改善，工作技巧也会被优化。

　　所以说，该出手时就出手，不要被险境唬住，要勇敢踏出自己的舒适区。很多时候，看似最危险之处，也许就是最安全之处；看似最强大之处，也许偏偏是最薄弱之处。如果总是求稳的话，你就会错过机会，冒点风险去行动，却可能产生不一样的结局。

　　一个人想要成大事、立大业，就必然不能甘于安稳。要有所作为，你不去做，不去努力，固然不会失败，但是你也绝不会遇到成功。要敢于迈出不求安稳的第一步，才能做出成绩来。

2.成功不会出现在原有的舒适区中

　　就像上文中提到的那样，如果我们为自己设定了一个新的目标，就必定要离开自己原有的"舒适区"，来构建出一个新的舒适区，而这对我们原有的能力结构、资源范围、智力水平和知识水平都是一种挑战。

　　通常来说，人总是从平坦中获得的教益浅，从磨难中获得的教益深。一个人只有在年轻时经历多种磨难，学会正确对待自己人生中所面对的挑战，才能最终冲出黑暗，成为一个值得敬仰的人。如果生活中没有磨难，那么，我们中的大部分人就会止步不前。勇敢面对每一次，是提升自我的必要过程，只有经得起严格的锻炼，才有苦尽甘来的特殊成就。

如果你不选择离开原有的舒适区，那就不可能达到新的目标。当我们选择离开了舒适区后，必然会有某种程度的不舒服，但是这是必经的过程，只要我们达到了新的目标，就会发现一个非常明显的变化——我们的舒适区被扩大了！

现代社会中，很多人的不成功是因为他们一遇到磨难，就会采取退缩的态度，会直接选择回到自身的舒适区中，退缩的心情并非不可理解，但一味地退缩，不仅难以解决问题，反而会使问题扩大。正确的做法是勇敢地面对这些磨难，正视其中的问题，理智分析，从中获得教益，你就会发现事情并没有想象中的那么可怕、复杂。

心理学家建议大家：舒适的状态虽然会让我们的发挥更稳定，但如果我们不能去寻求舒适区以外的最佳表现区，就不能以适度的紧张和焦虑获得最佳表现。

没有钱、没有阅历、没有经验、没有社会关系，这些都不是问题。因为没有钱，我们可以通过辛勤的劳动去赚取；

没有阅历，我们也可以慢慢地一步一步去积累阅历；没有经验，我们可以通过实践操作去总结；没有社会关系就更简单了，我们可以一点一点地去编织我们的社会关系。

总而言之，如果我们不敢踏出自己的心理舒适区，那么可怕的现实就会吞没我们，就好像是温水里的青蛙，在还没有意识到自己所处舒适区的危机时，就已经"死于安乐"了。

磨难是水手遇到的惊涛骇浪，是樵夫经过的荆棘深涧，一个人只有在经历了磨难之后，才能从中获得更深的教益，不然的话，即便你是在平坦的道路上行走，也有可能会沦为平庸。因为没有磕磕碰碰，你一路走来，也就不会有任何的收获，走完就走完了，而如果你选择一条崎岖一些的道路，你就能够在充满磨难的途中看到更美的风景。

生活在一路向前，对于我们来说，没有永恒的避风港，你唯一能依靠的就是不断提高自己适应变化的能力。

2. 发掘兴趣，你比自己想象的更强大

兴趣能够给人持久的动力，如果我们选择做自己喜欢做的事，对于我们本身来说就是一种幸福。兴趣具有感情的属性，所以心理学将其列入情绪范畴，可以这么说，兴趣与我们的学习和生活有着密切的关系。

情绪对人类来说，很多时候更像是一部"监视器"。它时刻见证我们的生活，而且由于情绪通常存在于我们的大脑中，所以它还会通过内在体验，监测一个人自身的行为，并且监测认知加工和其他心理活动。

1.用兴趣培养情绪

心理学上认定：兴趣对每个人的生存、生活和发展起着重大的作用。

一名刚刚毕业的大学生，进入到一家公司实习一个星期后，就直接向主管提出了辞呈。主管觉得非常诧异。

该主管是一名女性，做这行已经很长时间了，却依旧对于自己每天重复的工作感到乐此不疲。所以对于这个年轻人工作这么短时间就辞职感到很不理解，于是询问他为什么。

年轻人说："起初，我也以为我对这份工作很有兴趣。可工作一个星期以后，我才发现我对这个工作一点都没有兴趣。"

女主管笑了笑，同意了他的辞职请求。

临走前，这个年轻人问出了心底的疑惑："说真的，我很想知道，您做这一行多久了？"

"8年。"女主管回答说，"这份工作我已经做了8年。而且越做越觉得有趣。"

年轻人十分惊讶："8年！我只做了不到8天，就觉得无聊死了。"

女主管对他说："我不清楚你的状况，到底是因为判断错误入错了行，还是碰到少许挫折之后就退缩？不过，如果你真的觉得这个工作不适合你，我真心地恭喜你，没有在这里浪费太多时间。有些人，做了半辈子，结果一事无成，才发现：原来，自己从来没有喜欢过这个工作。就像有些人，结婚几十年，才发现从来没有真正爱过对方，这种感觉很可怕。"

年轻人接着问道："难道8年来，你从来没有动过放弃的念头？"

"从来没有。"女主管十分肯定地回答，"尽管在这个行业中我跌倒过，痛过，也疲倦过，但是从来没有想过放弃。而且越是这样，我越发现自己真的很爱这份工作。拿爱情打比方，当你喜欢一个人的优点，也喜欢对方的缺点，才能爱得比较久。"

年轻人听了感叹："也许我熬过这8天，也能熬到8年吧。"女主管会心一笑："可惜，你连这8天也没有熬过。"说完就送他离开了自己的办公室。

这个故事告诉我们，从开始的一时兴起，到最后的坚持到底，需要我们付出的不只是一开始那种热烈的情绪，还有全心投入的努力和接受挫折的勇气。如果你能坚持下来，就会像故事中的女主管那样，因为能一直为自己的兴趣奋斗而始终保持饱满的热情，觉得每一天都充满乐趣；否则，就会像那个年轻人一样，总是在不同行业间跳来跳去，永远也无法知道自己真正的兴趣所在，永远对前路感到迷茫。

2.挑选最适合自己的兴趣

有很多朋友问："怎么样才能知道自己真正的兴趣是什么？"我们给出的答案是多做、多尝试。有些兴趣是天生的，有些兴趣是靠培养出来的。天生的兴趣，几乎不必别人指点，就会很明显地表现出来。而靠后天培养的兴趣，则需要时间与耐性。

其实很多人，尤其是很多年轻人刚刚步入社会时并不能确定自己真正的兴趣是什么，缺乏耐心、好高骛远等心态往往让他们急于从一个职业跳到另一个职业，可越是跳来跳去就越是对前路感到茫然。对此，心理学家给出的建议是：不管你做什么工作，最好至少做满一年，中间不要轻易放弃。除非那个环境差到令人待不下去，不得已之下才离开。而且即便是自己已经选择了离职，也要从中吸取一些经验和教训，弄清楚自己这次离职的原因是什么，自己在找工作的时候什么地方没有考虑清楚，哪些问题没有咨询到位，为什么自己会这么快选择放弃……

总之，一定要找到离职的原因所在，不让自己重蹈覆辙。否则，你可能永远只会在不同的工作中跳来跳去，对于前途越来越感到茫然。而且，不停地换工作，你履历表上的记录也会很糟糕，以致即使有新老板想录用你，都会有所顾虑。

不管做任何事情都不要"三分钟热度"，否则生活会让你苦不堪言。一个人只有能及早发现自己到底对什么事情感兴趣，才能将兴趣培养成自己的专长，然后才能顺利地挥洒自我，得到淋漓尽致的人生幸福。而这种幸福，通常只会属于那些勇于尝试、不轻言放弃的人。

兴趣是思维和创造的有效支柱。一个人如果完全没有兴趣爱好，就如同我们做菜时没有放佐料，人生也就变得无滋无味了。兴趣，是我们坚持下去的动力，当然，坚持，也是找到自己兴趣所在的一剂良方。

3.掌控心灵，好心境是自己创造的

心理学家认为：每个人心中都拥有一股非常神圣的力量。这种神圣力量是一个人内在最核心信念价值观的体现，与任何宗教或其他神秘力量都无关，但却是我们每个人心中坚定不移，愿意为之不顾一切的力量源泉。所以，当我们鼓起勇气，掌控自己的心灵，那么改变就是可能的；当我们控制住自己内心的力量，努力奋斗，成功就在眼前。

1.求人不如求己

在这个世界上，也许我们无法改变别人对我们的看法，但是我们能够改变自己的心灵。要知道，让生活变好的金钥匙从来都只握在我们自己手中，而不在别人那里。好心境都是自己创造的，放弃我们的怨恨和叹息，努力向前，美好生活就唾手可得。当我们能掌控自己的心灵，就能获取属于自己的幸福。

幸福也许跟许多东西有关，比如金钱、学历、爱情、健康等等，但归根究底，幸福其实是我们内心中的一种感觉，所以也只能靠我们自己去创造与体会。

如果你认为人生只有攀上顶点才会幸福，那就要付出比他人更多的辛劳和汗水。虽然，我们选择不了自己人生的起点，但是属于自己的未来之路却需要靠我们自己去争取。希望获得多少，就要付出多少。原因很简单，一分耕耘才能有一分收获。生活虽然不会完全公平，但也不会完全不公平，只要你付出了足够多，就一定会有收获。

当你抱怨身边的人有比自己富裕的家庭条件，抱怨上天不公平，抱怨别人有的东西我都没有的时候，你是否应该想到这个问题：为什么我不能靠着自己的努力去争取公平的机会呢？要知道，命运永远掌握在自己手中，如果你不努力，那么就永远争取不到所谓公平的机会。

人们常说，人生在世，不如意之事十之八九。但究竟要过怎样的生活，却完全取决于你自己。"人生就如同一片轻盈的羽毛，有落下的时候，而你应该鼓舞自己让它不断飘扬而上，向着新的高度超越自我。"

2.心有多大舞台就有多大

人生好比一个大舞台，每个人都是主角，而你的舞台有多大，你的表演能被多少人接受，取决于你的理想和信念。拿破仑曾说："不想当将军的士兵不是好士兵。"如果你不仅有目标，而且有上进心，同时还能将其付诸实践。那么，恭喜你，你的观众将越来越多，你人生舞台的边际也将无限扩大。

心灵的力量无形无相，它是我们产生信念的原动力，同时也是我们每个人心理活动背后的推手。我们应该竭尽全力去追求任何一个有可能会实现的目标，不论在什么样的环境中，只有树立雄心壮志，才能干出一番轰轰烈烈的事业。有了崇高的目标，我们才会产生进取心，奋发图强。有了雄心，才会点燃激情乘风破浪。心有多大，舞台就有多大。梦想有多大，成功就有多大。

心灵是我们生命的能量场所，能展现出我们每个人不同的意识水平，因此，不要低估了心理暗示对我们所起到的作用。在制定目标时，暗示自己"我会成功"；在遇到困难时，暗示自己"我一定会走出难关"；在遇到挫折时，暗示自己"我一定能再站起来"……这样不断地给自己心灵注入新的力量，你就会更有勇气走上追求成功的道路。

无论何时，都要相信自己。自信是每个人继续向前的动力，只有相信自己，才会拥有巨大的力量。

4. 调整心态，突破自我设限

现实生活中，似乎总有那么一群人喜欢和自己过不去，他们总是喜欢在心里给自己设定一个"高度"，并常常告诉自己：我达不到这个高度，我不能突破这些困难，我无法做到，成功的机会几乎为零等等，久而久之，便不会再想着要去突破这个限制，而是在自己设定的固有的环境中隐忍而无奈地生活着。

这种行为就叫自我设限。自我设限，是心理学上的术语，通常指的是一个人在面对有可能出现的失败威胁时，会下意识地先为自己设计障碍的一种防卫行为。简单地说，自我设限就像是自己为自己挖了一个陷阱，虽然，这种行为可能会防止我们出现因自身能力不足而产生的挫折感，甚至会暂时维护住我们的自我价值感，但同时也剥夺了我们的成功机会。

自我设限是很多人无法取得成就的重要原因之一。它就像一块巨大的顽石横亘在人生或事业成长的道路上，阻碍着我们继续前进。只有有效减除自我限制，击碎这块顽石，才能保持自己前路顺畅，最终走向成功。

1.不要给自己设限

一旦选择给自己设限，它就会像形影不离的幽灵一样，控制住你想不断突破、不断超越的灵魂。心理学家经过研究发现：在"可能"与"不可能"之间只隔着一层薄薄的纸，这张纸的名字就叫自我认知，如果不给自己设限，那么这张"纸"上就会写满你的信心和信念，你的主观感觉和能动性。

自我设限就像是给自己的心灵上了一把锁，导致自己只能在四周都是铜墙铁壁的小空间里安于现状，让一切可能化为泡影。

有人曾经做过这样一个实验：将一只跳蚤放进事先准备好的玻璃杯里，放置在一旁，很快就能看到跳蚤轻易地就跳了出来。如是重复几遍，结果都是一样的。根据这几次的测试结果，发现跳蚤跳的高度一般可达它身体的400倍左右。

接下来，实验者把这只跳蚤放进玻璃杯后，在杯上加了一个玻璃盖，当跳蚤跳起来时，就会重重地撞在玻璃盖上。一次次被撞后，它变得聪明起来了，开始根据盖子的高度来调整自己跳的高度。

等到发现这只跳蚤再也没有撞击到盖子而是只在盖子下面自由地跳动时，实验者将盖子拿掉，继续观察，发现这只跳蚤还是在原来的这个高度继续跳。经过三天，依旧如此，这只跳蚤再也无法跳出玻璃杯了。

难道跳蚤真的不能跳出这个杯子吗？绝对不是。只是它的心里已经默认了这个杯子的高度是自己无法逾越的。

在日常生活中，你是否见过这样的"跳蚤人生"？抑或是你是否正处于这样的人生中？当你的尝试遭遇几次失败后，你是否也会为自己设定这样一个高度，认为自己是无论如何都不可能取得成功的？

人们之所以在失败的圈子里彷徨，是由于不能消除自我的限制，其实让这只跳蚤再次跳出玻璃杯的方法非常简单，只需用小棒突然重击杯子，或者用酒精灯在杯底加热，当跳蚤不堪重击或热得受不了的时候，它就会"嘣"的一下跳出来。人生亦如此。

人类的潜能是无穷的，而且很多潜能连我们自己也不清楚，只有遇到特定的条件才会被激发出来，所以，我们要勇于突破自我限制，在人生的转折点敢于"一蹦"，只有这样才能取得成功。

2.不过分追求完美

很多时候，一个人如果过分苛求完美，就是和自己过不去。追求完美并没有错，但对完美过于执着就会如同患上强迫症一样，对自己要求过于严格，同时又谨小慎微，会因为过分地重视事物的细节而忽视全局，从而在面对突发情况时变得不知所措。

罗兰说："凡事不妨保留一点缺陷，缺陷正是希望的所在。有缺陷，才会产生想要把缺陷补足的欲望，这欲望才可能激发创造力、恒心及动力。物满则溢，物极必反，乃是千古不易的真理。"在我们身边，很多人把没有缺憾当成自己一生中所要追求的人生最高境界，这种想法本身就是错误的，因为生活从不完美，而恰恰正是这种不完美或欠缺成就了我们最真实的人生，而如果一个人始终坚持追求事事完美，就会成为自己人生中烦扰的根源。

我们从来都不是完美无缺的，这是一个事实，我们越早接受这一事实，就能越早地向新目标迈进。可生活中也总有这样一些人，他们总是很难知足，总是渴望毫无瑕疵的生活，也因此而浪费了大好的时光和精力，结果却一事无成。

博比·琼斯是美国历史上唯一一个在一年内赢得包括美国公开赛、美国业余赛、英国公开赛及英国业余赛在内大满贯的高尔夫球员。他曾经说过："直到学会调适自己的野心，我才真正开始赢球。也就是，对每一杆球有合理的期望，力求表现得良好、稳定，而不是寄希望有一连串漂亮挥杆的成就。"

博比·琼斯的这个领悟得来不易，在他早期的从业生涯中，他总是力求挥杆完美，当他发现自己做不到时，就会打断球杆，破口大骂，甚至因此离开球场。也因为他的这种脾气，很多球员不愿意和他一起打球。

一位哲人在日记上写道：如果再给我一次生命，我不会再追求事事完美。只有确定了重点，才能享受到生活的快乐。因为快乐的人不是把一切都做得尽善尽美的人。幸好，后来的琼斯发现了自己的问题，并改正了它，这才有了我们后来看到的大满贯得主。

不完美是我们人生中必不可少的一部分，我们只有先懂得了这一点，才能尽享人间的风光。

美国的心理学教授赫伯特·西蒙曾说过："最好"是"好"的敌人。他给我们讲了这样一个故事：西蒙说自己小的时候有一次为了纠正作业上的一个单词而把作业本弄破了。最后只好用一本新的作业本重写，结果整整花了自己半天的时间。西蒙为这件事苦恼得很，不知道自己哪里出了错。而他的祖母告诉了他下面这个故事：

一个渔夫从海里捞到了一颗珍珠，他简直欣喜若狂。但遗憾的是，这颗珍珠上面有一个小黑点。渔夫想，如果能把这个小黑点去掉的话，这颗珍珠将成为无价之宝。于是，他把珍珠去掉了一层，但是黑点仍在。再剥一层，黑点依然在。最后，黑点没有了，但珍珠也不复存在。

西蒙的祖母是在用这个故事告诉他，过分追求完美的代价往往就是将"大珍珠"也追求没了。

哲理诗人赫塞说过："生命并不是一种计算，它不是一种数学的总和，而是一种奇迹。"接受不完美，你才能面对现实，不和自己过不去，才能更好地面对生活。

5. 心态平和，坚持心中梦想

　　生活中，我们经常会听到大家形容一个人"爱走极端"，而这样的人通常并不受人欢迎。现代心理学家经过研究后发现：极端的人自己本身并不会意识到自身的极端行为，因为极端是一种本能，它多由绝望造成。一个人步入极端就会变得暴怒，以自我为中心，甚至会觉得自己做什么都是对的。而这种心理显然危害极大，极端的人不受人欢迎也自然在情理之中。

　　面对很多人存在的极端心理，我们给出的建议是：保持心态平和，不走极端，不过分追逐世俗的荣誉，找寻最适合自己的成功之路。因为人生中最好的、最美丽的并不一定是最合适自己的，而只有最合适自己的才是最好的、最美丽的。

1.不极端，找出最适合自己的

人都是社会性动物，有着群居的特性，只要是群居，大家就会互相沟通，沟通之后就会出现一些众人眼中约定俗成的标准。比如，很多人对于一个人成功与否的标准是：有没有赚到钱，有没有荣誉和地位等等。然而，事实真的是这样吗？当然不是，很多时候，最好的不一定是最合适你的，别人所谓的成功对你来说也可能一文不值。

为了找寻出最适合自己的成功之路，需要大家不断地去尝试。胡适曾说："尝试成功自古无，放翁此言未必是，我今为之转一语，自古成功在尝试。"试想一下，行星三大定律、天文望远镜……哪一项不是在多次的探索中发现或发明的？伽利略尝试自制仪器，检验书本知识，也是"从观察开始，进而提出假设，再通过实验来验证"；诺贝尔发明了炸药，更是经过了无数次实验，甚至付出了血的代价；即便是哥伦布，也是在历经艰辛后才发现了新大陆，从而引发了世界范围内的探索热潮。仔细想一想，如果没有当初这些人士的尝试和探索，那么科学的成功怎能获得？今天的文明从何而来?

　　但有人会说，我都尝试那么多次了也没成功，是不是没有这种天赋。当然，并不是所有的尝试都能成功，但如果不尝试就永远不可能成功。只有一次又一次地去尝试，你才能知道自己擅长做什么，才能选出适合自己的成功之路。

　　苏岑曾说：真正阅历足够丰富的人，反而愿意袒露自己纯真的一面。曾经沧海的人才能真正理解清泉的可贵。半生不熟的人最爱伪装出沧桑，生怕别人觉得他不够厚重。

　　所谓"心急吃不了热豆腐"，成功也是如此，这可能需要长时间的尝试、等待和努力。任何一种极端心态对于成功都毫无益处，成功也从不会一蹴而就。要想成功，就要做好等待成功的准备，你要相信，即使我们在尝试的道路上失败了，也只是暂时的，不懈地去尝试，成功总会到来。

2.不为世俗的荣誉所困

　　年轻人总是朝气蓬勃、心怀梦想，这是人们喜闻乐见的，可也有人对此嗤之以鼻，甚至说风凉话：什么梦想，折腾来折腾去，无非就是为了升官发财。我们说，只要方法合理、正当，追求财富与地位并没有错，但是如果把它们奉为人生的最高目标，那只能说这是一种狭隘的世俗荣誉观。

　　然而，这世上总是有为了追求世俗的荣誉而奋不顾身的人，为了成为别人眼中的"人上人"，他们可以抛弃一切，哪怕最后真得到了这一切，却也变得面目可憎，众叛亲离，这样的人生幸福快乐吗？

　　美国加州大学教授谢里·约翰逊曾经带着研究小组做过一次实验，他们对103名成年人进行了问卷调查，这其中包括27名被诊断患有躁狂症或者双相障碍症（躁狂与抑郁反复交替发作的一种心理障碍）的患者。调查研究中，参与者被要求在问卷上对自己获取名利的可能性进行打分，这其中的内容包括但不限于经常在电视上露面、年薪2000万美元等。

　　调查的结果显示：躁狂症或者双相障碍症患者对成功的期望普遍较高，相对于普通人而言，他们更渴望获得名声、地位和金钱。约翰逊对此指出："躁狂症或者双相障碍症患者对自己有更高的目标，他们认为成功非常重要。虽然有时的确能实现目标，但是也能看出他们所付出的代价也是极大的。"

一个人成功与否、幸不幸福，这些实际上都与名利地位无关。但是很多人即便明白这个道理，在生活中也因为受到外界各种因素的影响，而对自己产生怀疑，甚至很多时候被别人说服转而放弃自己的梦想，走上一条别人眼中前途不可限量可实际自己并不喜欢的路。到头来，即便获得了别人眼中的成功，自己内心却茫然一片，感觉不到任何喜悦。

请大家记住：不管在任何时候、任何地点，都不要怀疑自己，永远坚信自己，坚持自己内心的梦想，不要被世俗荣誉困住，只有这样，才有可能找到你想要的幸福。

第五章

戒掉拖延，不做时间的奴隶

1. 你为什么习惯性拖延

"明天才是交报告的最后日期，今晚还可以打个游戏，明早再做也来得及。""这条新闻挺有意思，先看完再开始工作也不晚，再说离下班还早呢。""图纸白天画不完也没关系，晚上我可以加班啊"……

这些情景是不是很熟悉，你是不是也有过类似的想法或行为？不管是学习还是工作中，我们身边都有这种心态的人存在，他们就是所谓的拖延症患者。拖延症，主要指的是当自我调节失败，在能够预料后果有害的情况下，仍然把计划要做的事情往后推迟的一种行为。其实严格说来，拖延症并不属于心理学或医学术语，但它对人们造成的危害之大已使得心理学家将它列为重要课题来加以研究。

在我们的生活中，拖延是一种非常普遍的现象，相关调查显示：大约75%的大学生认为自己有时会拖延，而50%认为自己会一直拖延。为什么会出现这样的情形？为什么大家都习惯性拖延？

1.拖延的根源在于缺少自控力

1960年的某一天，一位心理学家来到了斯坦福大学比恩幼儿园，在这里，他用软糖做了一个有关情商的测试。这位心理学家就是大名鼎鼎的沃尔特·米歇尔，而这个实验就是著名的软糖实验。

软糖实验的过程很简单：将一群4岁的小朋友召集在大厅里，每人分发一块软糖，但是不准他们吃。然后告诉他们，老师要出去一小会儿，如果等老师回来后，他们能控制住自己不吃这块糖，那么，老师就会再奖励他一块糖；如果吃掉了，那自然就没有奖励了。

对于孩子来说，糖果的诱惑力不亚于口渴的人看见泉水，饥饿的人看见面包。而通过后来的实验录像我们可以看到，孩子们面对摆在眼前的这块甜美的糖果，表现也是千奇百怪：有的一等老师离开就马上迫不及待地吃掉了糖果；有的坚持了一会最后实在忍不住了拿起糖果放进了嘴里；还有的一直坚持到了老师回来，而这一部分孩子为了抵抗糖果的诱惑可谓是想尽了办法：有的开始扳着自己的手指数，有的玩自己的小辫子，有的趴在桌子上尽量让自己睡着，总之，都在让自己尽量不要去看桌子上的糖果，最后这些孩子终于等来了实验者，和作为奖励的软糖。这部分孩子的数量大约为1/3。

到此，软糖实验并未结束。沃尔特·米歇尔对这些被试的孩子们进行了后续跟踪研究，结果发现，这些面对软糖表现迥异的孩子在成长过程中也表现出很大的差异：入学后，那些能够控制自己不吃糖果的孩子要比其他的孩子学习成绩更好，而步入社会后，这些孩子也比其他孩子表现得更优秀。

从心理学角度来说，过于关注自己一时的情绪是不懂得推迟满足感的一种表现，这样的做法会大大削弱一个人的自制力。而容易被外界诱惑，同样也是自控力薄弱的表现，这也是为什么那些不能控制自己吃糖果的孩子之后的表现不那么优秀的原因之一。

我们的周围有很多人也像那些吃糖果的孩子一样，太过照顾自己一时的情绪，觉得自己不开心了，要选择放松一下，仅仅完成了工作中的一小部分，也要选择放松一下，外界的诱惑那么多：阳光那么温暖、零食那么好吃、游戏那么好玩、沙发那么舒服……哪一样都比学习工作有趣，当你不知不觉被吸引过去，时间就已悄悄溜走了，然后你就告诉自己，等明天吧，明天开始也不晚，然后明天又开始重复今天的生活，自然而然地开始了拖延。

所以，当你为自己不肯开始工作找借口，当你又开始动"等明天"的念头时，记得心中要警惕，此时的你是不是自控力已经出现缺口，是不是又要开始犯拖延的毛病了呢！

2.养成良好的守时习惯

拖延症大多表现为拖延者与时间之间的纠葛。很多拖延者会选择以一种"期望式思维"来看待自己度过的时间，或者他们会直接选择将时间看作一个需要制服和取胜的对手。也正是他们这种对待时间的态度激发出了更多的拖延习惯。

拉斐尔11岁那年，只要一有机会便会跑去湖心岛钓鱼。在鲈鱼钓猎开禁前的一天傍晚，他和妈妈早早就来到岛边钓鱼。等到安好诱饵后，他就直接将鱼线一次次甩向湖心，在落日余晖下泛起一圈圈的涟漪。长时间的等待之后，钓竿的另一头终于沉重起来。他的嘴角咧开了，知道一定有大家伙要上钩了，所以他急忙收起鱼线。等到他小心翼翼地把一条竭力挣扎的鱼拉出水面的时候，高兴异常：好大的鱼啊！它是一条鲈鱼。

月光下，这条鱼的鱼鳃翕动着。但身边的妈妈却并没有和他庆祝，而是先打亮小电筒看看表，确定现在已是晚上10点——但距允许钓猎鲈鱼的时间还差两个小时后，对拉斐尔说道："你得把它放回去，儿子。"

拉斐尔脸憋得通红："妈妈！"

母亲摸了摸他的头："还会有别的鱼的。"

拉斐尔依旧十分伤心，再次坚持："再没有这么大的鱼了。"

母亲依旧摇了摇头，拉斐尔环视了下四周，他们的周围早就看不到一个鱼艇或钓鱼的人，但他从母亲坚决的脸上知道这个决定无可更改。暗夜中，他妥协了，看着那条鲈鱼动着笨大的身躯慢慢游向湖水深处，渐渐消失了。

很多年过去后，拉斐尔早已成了纽约市著名的建筑师。但他却再钓不到那么大的鱼，为此他虽然有些遗憾，却终身感谢母亲。因为这次钓鱼让他学会了通过自己的诚实、勤奋、守法，猎取到生活中的大鱼，使得他在事业上成绩斐然。

莎士比亚曾说：不管饕餮的时间怎样吞噬着一切，我们要在这一息尚存的时候，努力博取我们的声誉，使时间的镰刀不能伤害我们。

在现代社会，只有守时的人才是受欢迎的。拿时间当儿戏的人，在肆意对待时间、令他人为你无望等候的时候，同时也在与最好的机会擦身而过，最终伤害的其实是自己。

3.列出你的行动计划

不要把拖延看成是一种无所谓的耽搁，不要认为拖拖拉拉这个坏习惯是无伤大局的，它是个能使你的抱负落空、破坏你的幸福，甚至夺去你生命的恶棍。

找出使你备感苦恼的、习惯拖延的一个具体方面，然后去征服它。突破拖拉作风对你生活某一个方面的束缚，一种得到解脱和成功的感觉将会帮助你在其他方面去战胜它。

为自己规定一个期限，但你不要暗地里规定一个期限，这样很容易被人忽视。要让其他人都知道你的期限，并且期望你能如期完成。不要避重就轻。避重就轻是人的天性，到头来只会导致问题铢积寸累，难上加难。不要因为追求十全十美而裹足不前。有些人对采取行动望而却步，因为他们害怕自己干得也许不那么完美无缺。

让自己把握眼前的五分钟，并努力切实地生活。先不要考虑各种长期的计划，应争取充分利用眼前的五分钟做自己要做的事情，不要一再推迟可以给你带来愉快的那些活动。

现在就去做你一直在推迟的事情，比如写封信、实施你的写作计划。在采取实际行动之后，你会发现，拖延时间真的毫无必要，因为你很可能会喜欢自己一再拖延的这项工作。在实际工作中，你会逐步打消自己的各种顾虑。

问问自己："倘若我做了自己一直拖延至今的事情，最糟糕的结果会是什么呢？"结果往往是微不足道的，因而你完全可以积极地去做这件事。认真分析一下自己的畏惧心理，你会懂得维持这种心理毫无道理。

给自己安排出固定的时间，如周一晚上十点至十点十五分专门做曾被拖延的事情。你会发现只要在这十五分钟内专心致志地工作，你往往可以做完许多拖延下来的事情。

要珍爱自己，不要为将要做的事情忧心忡忡。不要因拖延时间而忧虑，要知道，珍爱自己的人是不会在精神上这样折磨自己的。

认真审视你的现实，找出你目前回避的各种事情，并且从现在起逐步消除自己对真正生活的畏惧心理。拖延时间意味着在现实生活中为将来的事情而忧虑。如果你把将来的事情转变为现实，这种忧虑心理必然会消失。

节食、戒烟、戒酒——从现在开始！你现在就可以放下这本书，马上做一个俯卧撑，以此开始自己的锻炼计划。你解决问题的方法就是——从现在开始！立即采取行动！妨碍你采取行动的完全是你自己，因为你以前不相信自己的力量，做出了一些错误选择。你看，这多么简单——只要去做就行了！

以后当你觉得无聊的时候，积极利用自己的大脑。比如，在单调无聊的会议上主动提出一些问题扭转沉闷气氛，或者利用大脑做些有趣的事情，比如努力死记一大串数字，以增强自己的记忆力。下决心再不产生厌倦情绪。

认真审视一下自己的生活。假设你今生仅剩六个月的时间，你还会做自己目前所做的事情吗？如果不会的话，你最好尽快调整自己的生活，现在就去做你最紧迫、最需要做的事情。为什么？因为相对而言，你的时间是很有限的。在时间的长河中，三十年和六个月是相差不多的。你的全部生命只不过是短暂的一瞬间，因而在任何方面拖延时间都毫无道理。

鼓起勇气去干一两件你一直回避的事情：一个勇敢的行动可以消除各种恐惧心理。不要再强迫自己"干好"，因为"干"本身才是关键所在。

努力排除一切疲劳的感觉。不要以疲劳或疾病为借口拖延任何事情。你会发现，当疲劳或疾病失去其意义时，也就是说当它们不能成为你推迟工作的理由时，导致拖延的因素会"奇迹般"消失。

不要再使用"希望""但愿""或许"等词，因为这些词会促使你拖延时间。每当你发觉自己的话里又出现这几个词时，就应该改变自己的话。例如，你应该将"我希望事情会得到解决"改为"我要努力解决这件事"；将"但愿我心情会好一些"改为"我要做些事情，保持心情愉快"；将"或许问题不大"改为"我要保证没有问题"。

每天都记录下你所发出的抱怨和议论。做这种记录可以达到两个目的：一方面，你可以意识到自己在生活中的评论行为，即你是怎样评论的，评论了多少次，评论的是什么人、什么事；另一方面，做这种记录是件令人头疼的事，这也会促使你平时不要再乱作评论和抱怨。如果你所拖延的事情涉及其他人（例如搬迁、夫妻生活或调换工作），你应该与这些人商量一下，听听他们的意见。要敢于说出自己的各种顾虑，这样将有助于你认识到自己的拖延是否完全是出于主观原因。在知心朋友的帮助下，你们可以共同分析问题、解决问题。不久，你就会完全驱散因拖延时间而产生的忧虑。

与家庭成员制定一项协议，明确提出你想做而一直拖延的事情：一同打场球，出去吃顿饭。

你要是希望改变客观世界，就不要怨天尤人，而要做些实际工作。不要总是因拖延时间而忧心忡忡，并为此而陷入惰性，应该努力消除这一令人讨厌的误区，争取投身于现实生活！做实干家，而不是希望家、幻想家或评论家。

2.先苦后甜，培养好的工作习惯

　　不管是在工作（学习）中，还是在生活中，为了有效避免大家因为不喜欢、不感兴趣而变得拖延，心理学家建议大家把自己不喜欢的事情放在第一位，先去完成它，这样一来有效避免把时间浪费在不喜欢的事物上。而且，如果你能够在规定的时间内完成，会由衷的感觉轻松，发现原来完成一件自己讨厌的事情也并不是那么难的，最后很有可能会涌现出一种愉快的体验，然后更用心地投身到自己喜欢或是感兴趣的事物上去。

　　这是一个先苦后甜的心理历程。虽然我们在面对一个自己不喜欢的东西时，没有必要强迫自己去喜欢，但我们需要学会的是勇于承担责任。

1.万事要从"难"开头

感觉，在心理学中指的是神经系统对外界刺激的反应，它和所有的心理现象都一样，具有反射的性质。人生在承受一定程度的苦之后会瞬间感受到甜，这个时刻，似乎人生在经历了一次长跑后赢得了胜利，对于自己的这种收获会更加珍惜。

众所周知，艰难的事情大多没人想要做，但艰难的事情也是市场价值最高的任务。面对工作及生活上很多需要处理的事情，成功人士通常都喜欢把艰难的事情先解决了，然后再去处理简单的事情。可是，很多人在启动自己没兴趣的任务时，都会给自己找出很多的理由或借口延迟。

比如：一个人如果要开始写报告或温习课业，那么在此之前大多会告诉自己需要先吃饱，而等到吃饱之后还会告诉自己要先休息，休息20分钟后甚至会再泡一杯咖啡给自己，这其实就是先甜后苦的现象。

很多时候，最难的就是刚开始的那一个步骤，只要你能开始，之后，你就不会再感觉那么痛苦了。很多人心中的恐惧多半都是因为自己的拖延而变得越来越重。所以，成功人士大都会养成做事从难到易大的习惯。

人们大多希望自己是越来越进步的，从苦到甜就是一个不断进步的过程，符合人们的心理期待，可是如果是甜完之后开始受苦，落差太大，这有悖人们的心理期待，就容易让人产生退缩、拖延心理。

2.时间是习惯的见证者

亚历山大·亚历山德罗维奇·柳比歇夫是俄国知名的昆虫学家、哲学家、数学家，他博学多才，硕果累累，一生研究不仅横跨多个学科，还发表过70部左右的学术著作，光是书写的500多个印张的论文和专著，就相当于12500张打字稿！这其中的内容涉及科学史、昆虫学、农业遗传学、植物保护、进化论和哲学等多个领域。即使以专业作家而论，这也是个庞大的数字。为什么他能在一生有限的时间里做出这么大的贡献呢？

答案只有一个，柳比歇夫深深懂得时间的价值。这位跨界学者有过一句至理名言："作为一个科学家，如果不是短时期，而是成年累月地没有时间进行思索，那将是一个毫无指望的科学家。倘若不改变表面上看来忙忙碌碌的日常生活制度，挤出足够的时间去思考，那他最好放弃科学。"

柳比歇夫明白，自己要成为一个有所作为的人，那么必须先成为一个善于运用时间培养习惯的人。因此，从1916年的元旦开始，柳比歇夫开始采用一种时间统计法，事无巨细地对自己每天的任何活动——读书、写作、实验、休息等进行记载，同时在上面标注每项活动用了多少小时多少分钟，甚至是对自己的每种工作中每一道工序需要多少时间都算得一清二楚，一一记录下来。一天结束后，他还要对自己的时间进行核算，并且一天一小结，每月一大结，年终一总结。

就这样过了一段时间后，柳比歇夫从对时间的记录核算中，找出了那些被自己浪费掉的时间，把其作为日后工作的前车之鉴，同时，他还从中总结出了一份适合自己的时间运用规律，利用这个规律培养自己的习惯，进而更有效地学习和工作。

对时间进行合理的安排，高效地利用整片时间，也许在我们许多人看来，已经是极为苛刻的要求，但对柳比歇夫来说，还远远不够。柳比歇夫想方设法有效地利用每一片零碎的时间，哪怕只有一分钟。散步的时候，他捕捉昆虫，或是思考某个问题，身体活动了，大脑也活动了，收获随之而来。在一些废话连篇的会议上，他演算习题；出门旅行，他看小部头的书；坐电车的时候，有空位子，他就坐下来看书。站着也不要紧，他两眼望着车窗外，脑子却像机器一样转了起来……

不过，柳比歇夫也并非像我们想象中那样，是一台不知疲倦、永不停歇的机器。他也懂得，时间利用得再充分，总有个限度；一个人的精力再旺盛，总有个极限。因此，柳比歇夫通过时间统计法对自己进行了精细的试验和研究，核算出在一定的时间内，自己在读、写、工作和思考等方面能完成的工作究竟有多少，决不让自己负担过重、力不胜任，而是沿着能力的边缘前进，以便把自己的智慧最大限度地发挥出来。

在柳比歇夫82年的生涯中，他完成了大量"不可能的科研任务"，令人类科学前进了一步，更令他的时间统计法名垂青史。

不是每一个人都能达到柳比歇夫的高度，但是，如果我们能够培养自己精确感知时间的能力，就能养成好的习惯，如此一来，拖延自然也无所遁形。

3. 懂得忍耐，板凳要坐十年冷

一帆风顺的人生谁都想要，但这毕竟只是一种理想中的人生状态。更多的人在达成理想前，都要先走过一段千回百转的弯路，这需要我们有毅力，更需要我们有耐心。可是，现如今，缺少耐心却成了越来越多人的通病：打电话对方接的迟了点不耐烦；一篇论文刚起了头发现问题不耐烦；浏览网页速度慢了一点不耐烦……不耐烦的最后结果不是拖延就是干脆放弃，如此一来，什么事情都无法完成了。

板凳要坐十年冷，忍耐会带给我们力量，忍耐会带给我们机会。当我们收回拳头的时候，不是放弃了搏击，只是因为收回的拳头，打出去才更加有力。

只有基础越好的人，才能表现越好。"经过多少失败，经过多少等待，告诉自己要忍耐。"一个人的成熟度，在很大程度上表现为他的忍耐程度。我们要试着去适应太多的东西和生活，但也要要时刻对自己充满信心，因为那是我们走下去的唯一理由。

1.能忍耐方能成大事

忍耐，大多数时候都是非常痛苦的，但也只有忍耐方能让我们成大事。成功往往就是在你忍耐了常人所无法承受的痛苦之后，才出现在你面前的，所以切记不要在只差那么一点点时选择放弃。只有当忍耐和时间完美结合在一起后，才会迸发出惊人的力量，让我们产生持久的动力，终令葡萄成佳酿。

勾践经过卧薪尝胆的忍耐，才能实现反败为胜的奇迹；刘备经过韬光养晦的忍耐，才能成就一番霸业。

日本矿山大王古河市兵卫有句名言叫：忍耐就是成功之路。而他的成功也确实得益于他能忍耐的性格。早年间，他是一名小雇员，受公司指派去一个人家里收取欠款。结果，对方态度极其冷淡，不但不想还钱也根本不打算理会他，他干坐在那里，对方收拾一下上床睡觉了。古河没有生气，也没有走，就一直坐在那里。等到第二天一早，欠款人发现古河居然真的一整晚坐在那里，而且面对自己时，仍然面带微笑打招呼，不由大为感动，将欠款如数还给了他。

后来，古河在大家都不看好的情况下凑钱买下了一个铜矿。在这之后两年的时间里，资金在不断减少，可铜的影子却根本没见着，顶着众人的嘲笑、手下人的埋怨，还有资金上的巨大压力，古河咬紧牙没放弃，将一切默默忍耐下来，终于在第四年开采出铜，迎来了事业的转机。

忍耐是一种生命的智慧，它要求我们能耐得住寂寞，直面挫折，且永不言败。在小事上的忍耐，是为了大事上的成功。只有能够忍耐的人，才不会轻易放弃，更不会因为眼前的一点点小挫折就犯拖延的毛病，因为他们懂得，一个缺乏耐性的人，是永远都不可能成为一名强者的！

2.给忍耐一个目标

忍耐不是盲目等待，很多时候它需要有一个前提，一个目标，这个目标是我们忍耐的动力，有了它，我们才能在忍耐中不断地积蓄自己的力量；有了它，我们才能顶住别人异样的眼光，因为有目标存在，我们才清楚，一切的忍耐都是值得的。

　　现代物理学的开创者和奠基人，有"20世纪最伟大的物理学家"之称的爱因斯坦，在小时候竟然被人称为"傻子"。为什么会有这样的称号？据说，是因为爱因斯坦4岁时才学会说话，7岁时方才认字，就连学校的老师都接受不了像他这样愚笨的学生，说他"反应迟钝，满脑子不切实际的幻想"。到最后，老师忍无可忍，就干脆半建议半强迫地让他退了学。直至长大成人后，爱因斯坦的求学之路也并不顺畅，但爱因斯坦并未就此放弃学习，他依然为自己喜欢的数学痴迷，依然热爱物理、哲学和自然科学，不管别人说了什么，如何看待自己，也不管生活怎样艰难，爱因斯坦始终知道自己的目标是什么：要致力于研究自己喜欢的学科。若干年后，相对论的提出震惊了全世界，爱因斯坦成了众人眼中的天才，而他的大脑也被后世誉为20世纪最智慧的大脑。

　　与他有着相同命运的，是生物进化论的奠基人达尔文，达尔文小时候，也曾遭受过和爱因斯坦一样的讥讽与老师的冷落，甚至就连他的父亲都无情地斥责他："你放着正经事不干，整天只管打猎、摆弄花草、捉耗子，我看你将来能有什么出息！"可达尔文并没有因此泯灭对博物学的兴趣。在被父亲送到剑桥大学学习神学期间，他反而结识了植物学与地质学方面的专家，并接受了相关训练，努力向自己心中的目标靠拢，直到进化论的提出，这位被所有的老师和长辈都认为是"资质平庸、与聪明根本沾不上边"的小男孩，已经在默默努力中成了震惊全人类的生物学家。

世界上很多事情不是一蹴而就的，需要我们付出长久的努力，就像蝴蝶一样，只有忍受过破茧而出的煎熬，才能振翅高飞。有耐心很重要，在忍耐中坚守自己的目标更重要，只要确定了自己的目标，就不要怕付出，因为你的努力终将有所回报。

4. 学会自律，不贪图眼前安逸

很多人都有过这样的情况：兴致勃勃地给自己制订了一个计划，具体实施起来却一拖再拖，然后没过几天就不了了之了；突然对某些事很感兴趣，可真要深入研究起来，却发现并不那么简单，于是坚持了几天，就抛诸脑后了……很多人也为此感到苦恼，为什么自己做什么事都那么容易半途而废呢？到底是哪里出了问题？

心理学家对此给出的解释是：这是因为人类有规避痛苦、追求快乐的本能。这种本能根源于我们生命中，最早可追溯到未开化的原始人时期。但是对于人类来说，很多本能并不是不能控制的，否则又与动物有什么区别。所以，不要以本能为借口，尽管面对困难人人都会有逃避的倾向，但只要你懂得自律，懂得坚持，不为眼前的安逸困住脚步，你就能战胜它。

1.自律是解决人生问题的首要方案

人活一世，在痛苦中寻求解决之道，是生活的常态。正如米南德所说："谁有历经千辛万苦的意志，谁就能达到任何目的。"解决人生问题的首要方案，乃是自律，缺少了这一环，你就无法战胜麻烦和困难。而要想做到自律，首先你要清楚自律会为你带来哪些益处，这是让你产生自律行为的动力。

赵鹏和方图是大学同班同学，也是上下铺的室友，赵鹏每天按时作息，锻炼身体，认真学习，常常泡在图书馆里；方图每天晚睡晚起，课是能逃就逃，泡在网吧打游戏的时间比在校内的时间都多。

赵鹏之所以生活自律是因为他清楚，这样的做法会给自己带来回报，比如更扎实的专业基础、更加开阔的眼界、更好的专业成绩、合心意的工作、光明的未来等等。

而方图之所以得过且过、挥霍时间是因为感到这种生活也会给他带来回报，比如悠闲自在、无拘无束、心情愉快等等。

当然，同样是回报，比较起来，赵鹏与方图谁的"回报"是切实有益的，相信只要是有正常价值观的人都能判断得出来。

自律说起来容易，落实到每个人身上却不见得那么容易实现，有些人说："我明明昨晚都决定10点睡了，可是一拿起手机不知不觉还是过了12点""我都决定以后上班时一心工作不再偷看网页了，可还是没忍住"……总之，就是下定了决心，可实践起来却很难。为什么我们主观上明明想改变自己，可到头来还是失败了？归根到底，你还是不懂得权衡利弊，不知道自律会为你的人生带来哪些回报。如果你能时刻牢记这些益处，你的自律也就找到了动力。

2.学会养成自律的习惯

自律意味着"我思故我行"而不是"跟着感觉走"。为了生命中更重要的事情，自律会要求我们牺牲当下的享受和安逸。当然，并不是每个人都生来就是自律的，自律也是一种习惯，需要我们慢慢去养成。

北宋散文家苏洵与其子苏轼、苏辙合称"三苏"，均被列入"唐宋八大家"。据说苏洵年轻时读书不努力，糊里糊涂地混日子，直到25岁方有觉悟，开始发愤学习。学了一年多，自以为差不多了，就去考进士，结果当然是没有考中。这个时候，他才认识到，学习并不是件容易的事，要得到成果非下苦工夫不可。

这天，家里人发现苏洵的书房里突然不断地向外冒黑烟。大吃一惊的家人们急忙跑来查看，结果发现苏洵正把一沓沓的文稿往火炉里送。询问缘由，苏洵说，他只是要把过去所有不成熟的作品全部烧掉，决心从头开始。从此，他夜以继日，手不释卷，如此发愤攻读了六七年，终于文才大进，下笔如有神，顷刻数千言。

后来，翰林学士欧阳修把他的22篇作品呈上朝廷，得到了极高的评价。当时的宰相韩琦见他的文章写得好，上奏皇帝，召试舍人院，后来又任命他为秘书省校书郎。苏洵的自律终于为他换来了回报。

与苏洵类似的还有唐代诗人陈子昂。陈子昂也是早年没有用心读书，以至"年十八未知书"。在那个年代，已经18岁了还不通文墨显然已经太迟了，这时要奋起直追，需要更大的勇气和超强的自律能力，但好在陈子昂坚持了下来。他从这时起入乡校求学，慨然立志，谢绝门客，专精文典。终于，数年攻读，一举成才。

并不是所有的人都能做到赢在起跑线上，如果起步已然晚了，或者在中途落后于他人，那也千万别灰心丧气。奋起直追，学会自律，不只图眼前安逸，持之以恒，任何人都能等到成功的那一天。

5. 立即行动，别给拖延留下时间

　　现在，有关拖延症的研究已为人们提供了很多可借鉴的办法，比如记录自己的拖延、制订合理的计划、奖励自己的不拖延、说服自己开始工作、哪怕只工作五分钟等。

　　其实要解决拖延，最重要的或许是不要一开始就指望根除它，而要把拖延作为自己的一部分从心理上接纳，不至于气馁下来半途而废。要与拖延战斗，耐心、宽容和坚持，三者都非常重要。与其费尽心思地把今天可以完成的任务千方百计地拖到明天，还不如用这些精力把工作做完。而任务拖得越往后就越难以完成，做事的态度就越是勉强。

1.决定了就立刻去做

　　在埃尔顿的农田当中，多年来横卧着一块大石头。这块石头碰断了埃尔顿的好几把犁头，还弄坏了他的农耕机。埃尔顿对此无可奈何，巨石成了他种田时挥之不去的心病。

一天，在又一把犁头被打坏之后，想起巨石给他带来的无尽麻烦，埃尔顿终于下决心弄走巨石，了却这块心病。于是，他找来撬棍伸进巨石底下，却惊讶地发现，石头埋在地里并没有想象的那么深，稍使劲就可以把石头撬起来，再用大锤打碎，从地里清出。埃尔顿脑海里闪过多年被巨石困扰的情景，再想到可以更早些把这桩头疼事处理掉，禁不住一脸的苦笑。

遇到问题应立即弄清根源，有问题更须立即处理，决不可拖延，就像故事中的埃尔顿一样。很多事情并没有你想象的那么困难，只要行动起来，就会在行动中找出解决问题的方法。

拖延是存在于每个人潜意识中的，不要让它成为习惯。拖延是把今天的担子，放在明天肩上，直到不堪重负，变成一个负不起责任的人。

我们在平常生活中，其实有太多应该做而没有做的事情，为什么呢？是没有想到吗？不是没想到，而是没有立刻去做，这是一个做事拖延的问题。因此，我们无论在什么时候，最好是"决定了就做"。当我们碰到问题时，如果必须做决定，就当场解决，不要迟疑不决。

赫赫有名的巴顿将军有一个十分有效的选拔军官的方法。他先派十个考察对象到一个偏僻的荒山野岭，挖一条两米长、一米宽、十五厘米深的沟。这些人领了工具到工地去的时候，巴顿就躲在旁边观察。多数人要么一边走，一边抱怨天气冷、没有机械设备，也没有工程图；要么脸色阴沉，一句话也不说地赌气。

这时，其中会有一个人说："那个可恶的老家伙挖沟干什么，我们不用管，不过我们还是别磨蹭了，早点儿把活完，不是就可以早点儿离开了吗？"这个人就是巴顿要提拔的人，一个不拖延、只想尽快把工作完成的人。

有些人虽然工作不多，时间也很充裕，可是却喜欢拖延。这是由性格决定的，就是该做的事情虽然想到了，却永远懒得立刻着手去做，用"等一下再做"来搪塞自己。养成"决定了就做"的习惯之后，我们就发现自己随时都有新的成绩：问题随手解决，事务即可办妥。这种爽利的感觉，会使我们觉得生活充实、心情愉快。

拖延的习惯，不但耽搁工作的进行，而且在精神上也是一种负担。事情未能随到随做、随做随了，却都堆在心上，既不去做，又不敢忘，实在比多做事情更加疲劳。做事有始无终，也会使自己心情上有负债感。无论大小事，既然已经开始，就应该勇往直前地做完。

有过练毛笔字经历的人你都知道，很多老师在教授小孩子写毛笔字的时候，无论发生什么新奇事、有谁来拜访，也不准孩子把一个字只写一半就放下。即使字写错了笔画，准备涂掉重写，也要写完了再涂。这正是教人善始善终，不忽视任何小节。在日常小事上养成有始有终的好习惯，将来走上社会才不会轻易半途而废。而现在的孩子学画画时，有时候在一张白纸上只涂了两笔，就揉成一团扔掉，再拿一张纸来画。浪费不说，还容易让孩子养成心浮气躁，不能善始善终的坏习惯。

有些东西在未完成的时候，不过是一些半成品或废物，而当我们付出以前一小半的精力把它们完成之后，就有了一件漂亮的成品。许多情况下，我们一开始凭冲动做了一阵，遇到困难或外力的干扰，渐渐有些厌倦，兴趣消失，信心也没有了，于是就半路停了下来。但是我们什么时候再开始呢？除非奇迹发生，不会再有机会了。

一次只做一件事，而且决定了就做，是解决拖延问题最有效的办法。然而，避免拖延并不意味着可以草率做事，陷入只追求完成速度的误区。

一家跨国大型快餐连锁店派两个主管分别到两个地区考察市场。第一个主管来到目的地，看到街头川流不息的人流以及街边林立的餐馆，第二天就回去报告说："该地市场没有发展潜力。"结果被总公司以不称职为由撤职。第二个主管来到目的地，他先对当地几个主要街道上的餐馆分布情况进行了统计，然后在附近对不同年龄和职业的人进行询问，了解他们的口味需求。同时，他把当地的肉菜来源和米面质量都进行了了解，不仅如此，还分别带了一些样品回到总部，进行化学分析。经过对上述资料的汇总，他上报总部说："当地市场大有发展前途，但在店面和选址上需要用心计划。"

果然，该快餐店一开业，即在当地引起轰动，不到一年就收回了成本。

拖延是一种手段，做事快也不是目的，我们最终的目标是多快好省地完成工作，把一切完成得尽可能完美。只有这样，才能独树一帜，得到领导的提拔。

2.别让自己准备得太久

拖延是一种习惯，立即执行也是一种习惯，不好的习惯要用好的习惯来代替。当你开始拖延的时候，一定是你的优先顺序没有排列对，因为你不知道这对你有多重要。如果你拖延了，那么就等于你没做出选择。

从早上忙到半夜三更，第二天要交的工作报告才只写了一半。就连王慧自己也觉得不可思议。上个周末，王慧在家一天，想要完成一份周一要交的可行性报告计划书，从前一天开始下定决心干活，早上起来一直忙个不停：先洗晒了床单，正经地吃了早餐，打开电脑，回复了邮件和各种聊天工具上的留言……杂七杂八地做了一堆无关紧要的事情，心里着急地想"快点写报告"，可就是硬拖到晚上都还没有开始！这个事实让她觉得更加焦虑，最后忙到半夜三更，报告却只写了几百字。她打算闭目养神一下，结果竟然睡倒在电脑椅上，张开眼睛时发现已经天亮了。

很多人都有这样的坏习惯。你拖延了，那就等于是没做，你的选择也将没有任何意义。

李昊准备晚上七点开始学习。但因晚饭吃多了，所以他决定看一会儿电视。结果看了一个小时，因为电视节目很精彩。晚上八点，他坐在桌前正准备看书，突然想起来要给朋友打一个电话，一聊又是四十分钟。接着他又被朋友拉去玩了一个小时的乒乓球。结果，他满头大汗，又去洗了个澡。洗完澡，觉得饿了，于是开始吃东西。本来计划挺好的，一个晚上就这样过去了。到了凌晨 1 点钟，他打开了书，但又太累了，集中不了精神看。最终，他还是去睡了。

李昊一直没能够坐下来看书，因为他花的准备时间太长了。这种"过分做准备工作的人"不计其数。一些推销员、经理、家庭主妇——他们在开始工作之前总是先聊天、削铅笔、读读报、擦擦桌子、泡杯茶，然后再开始工作。

有一种方法可改掉这种习惯，即告诉自己："我此时此刻已经一切就绪了，可以开始工作了。我拖延时间什么也得不到，我要把'准备'的时间和精力用于开始工作。"

　　一个人每当想要拖延的时候，就应该及时转换想法。如果已经设定了期限就不会拖延，而且，那个期限如果是一定要完成的、无法再更改的，就没有拖延的借口。

　　仔细思考一下，拖延的事情迟早要做，为什么要等一下再做？现在做完等一下可以休息，有什么不好？现在休息，也许等一下要付出更大的代价。

　　想想，在日常生活当中，有哪些事情是你最喜欢拖延的，现在就下定决心，将它改善。

　　要当一个成功者，就必须积极地努力，不懈地奋斗。成功者从来不拖延，也不会等到"有朝一日"再去行动，而是今天就动手去干。他们不花费时间去发愁，因为发愁不能解决问题，只会不断地增加忧虑。当成功者开始集中力量行动时，立刻就兴致勃勃、干劲十足地去寻找解决问题的办法。

　　你遇见过那种喜欢说"假若……我已经……"的人吗？有些人总是喋喋不休地大说特说他以前错过了什么云山雾雨的成功机会，或者正在"打算"将来干什么惊天动地的事业。

　　失败者总是考虑他的那些"假若如何如何"，所以总是因故拖延，总是顺利不起来。

　　不要等待"时来运转"，也不要由于等不到而觉得恼火和委屈，要养成行动的习惯，凡事掌握其根源，必定会得到非常大的收获和成效，不管你现在要做什么事，请立刻行动吧。

第六章

接受自我，真实的你最有魅力

1. 自我觉察，看清自己的内心

　　心理学中，关于一个人的心理健康与否，都有着一个指标，那就是这个人能不能接受自我，这也被称为"悦纳自我"。悦纳指的是高兴地接纳、接受东西或人。这里我们要用它造成句子是：每个人都是独一无二的，我们要学会悦纳自己。

　　1907年，在《想象力带来富有》一书中，心理学家布鲁斯·麦克莱兰用"你是你所想，而非你想你所是"经典地总结了"吸引力法则"。意思是说，在这个世界上，每一个人都能创造自己想要的一切，当你能够有意识地选择出你所想的（你和你所经历的一切都是你过去思想所造成的结果），把焦点放在你现在已经创造出来的结果上，找出自己内心真正渴望的超越，认真去做，你就能成为一个自主的创造者。

1.培养自我觉察力

你了解你自己吗？很多人被问到这个问题时都会不知所措，就像本杰明·富兰克林所说的："认识自己是极为艰难的。"很多时候，我们都只能通过别人的评价来了解自己，而忘记了真实的自己该是什么样子。然而，生活在这个世界上的每一个人都有着独属于自己的风格，都是一个独特的存在，所以，都该是独一无二不可复制的。正因如此，每个人都应在了解自己的基础上，接受自己，这样才能更好地为自己的未来打好基础。

为了能够更好地认识自己，我们要学会培养自我觉察力。

自我觉察力指的是一个人超越意识层面的，对自己的所思所感所为的觉察和理解。而所谓超越意识层面，指的是不为深层信念所束缚。那么，什么是深层信念呢？以宋晴的亲身经历为例。

宋晴今年43岁，从十几年前有了孩子开始，她就辞职做起了全职太太，照顾丈夫和孩子。按照宋晴自己的说法，女人这一辈子最重要的就是家庭，其他都可以放弃，宋晴确实也是这么做的。她将所有精力都放在了丈夫和孩子身上，可一转眼，人到中年，自己变得不修边幅，而丈夫的事业和孩子的学业并未像她期待的那样发展得很好，这让宋晴心里极不平衡，于是，她时常将怒火发泄到孩子和丈夫身上，自己也觉得越来越压抑，后来甚至出现了抑郁症的倾向。

　　在大家的劝说下，宋晴去看了心理医生，而心理医生的分析让宋晴看到了这么多年来深藏在内心中的真正的自己。在此之前，宋晴一直以为自己的价值体现在丈夫和孩子身上，所以宁可牺牲自己的一切也要换取他们的成功，因为他们的成功就代表自己的成功，而实际上，她内心深处对自己真正的认知是：自己早已不再年轻，十几年围着"锅台转"的日子让她早已和社会脱节，所以，她必须这样付出，不然就得不到别人的认可与接纳。这就是宋晴心中的深层信念，正是这种信念作祟，才让她变得患得患失，而对丈夫和孩子的怨气其实更多的是她内心的不安在捣鬼。

　　那么，要如何打破这种信念？心理医生给出的建议是：

用一个新的信念来取代这个深层信念，比如，家人已经可以自己照顾自己，而自己转换一下角色，会让更多人喜欢接纳自己。

听取了心理医生的建议，加上自己的努力、家人的鼓励，现在的宋晴已经变成了一名西点培训师，在家里教授西点课程，同时也接订单做蛋糕外卖，她多年的好厨艺有了用武之地，此外，她还报了形体班、英语口语班，打算从里到外充实自己。而有了转变的宋晴发现，当她重新充满了自信，有了自己的事业之后，自然就不再把人生的希望完全寄托在家人身上，看事情也不会再那么苛刻，现在一家人其乐融融，而宋晴也觉得自己每一天都生活得踏实而快乐。

缺乏自我观察力，就不知道自己真正想要的是什么，以致常常自己制造了很多痛苦却不自知，而当自我觉察发生的时候，也就是重新审视自己，接纳自己的开始。就像宋晴，当她觉察到自己的生活方式出现了问题，意识到长久以来对自己的忽视时，也就意味着她开始觉察到了自己内心真正需要的是什么，推翻过去固有的信念，找到内心真正的需求，也就找到了自己人生真正的目标。

2.明确自己想要的，规划好时间

在密歇根州拥有将近20家家具店的坎贝尔家具公司董事长兼CEO坎贝尔曾说："我做的每一件事都经过精心计划，否则我不可能完成任何事。"对此，他运用了许多重要的技巧和方法来充分利用时间。在他的观念里，"计划"就包括将他的活动排定优先次序、懂得分层负责。简单地说，他是以一种最有效率的态度聪明地管理时间。

坎贝尔在工作中把时间视为最重要的日用品之一，在这么多年的工作和生活中，他发现原来时间才是不可回收的。规划时间并不是只注意现在几点几分，这是不会有任何经济效用的。

也许在人们的意识中，很少将时间视为一项投资，而这恰恰是最重大的失误，人们习惯于每种投资都要有满意的回报率，而如果你能将时间视为投资，同样也能获得满意的回报率。

"是时候了"这句话贯穿于坎贝尔的一生中。当他只有12岁的时候，父亲就拉着他的手对他说："过来，孩子，现在是我带你到外头找个兼差工作的时候了。"

在这方面，坎贝尔是很乐意的，因为当时他的家庭经济状况很是拮据，而坎贝尔也非常希望自己能够出去工作，补贴家用。他自己很想学习如何卖东西，父亲知道后，就带他到附近熟识的杂货店，告诉店主说："我希望你给坎贝尔一个工作。"

那位店主刚开始表现得很犹豫，他说："店里生意并不忙，你的孩子又还小，而我也不打算雇人。"

父亲却很坚持，接着说："他会努力工作的，他可以做任何事，像是扫地、清洁，什么事都行。孩子就是想要借此学习如何销售东西。"

最后，坎贝尔得到了这份工作，从那天起，坎贝尔说："我这一生就一头栽进销售事业里去了。我卖过报纸、卖服饰、卖家具……我有充沛的动力，而我愿意投注我的时间去获取成功。"而实际上，他所销售的就是被善加利用的时间。

他回忆道："后来我在一间家具店得到一份工作，负责店内销售的工作，正好可以把我过去在杂货店里学到的销售技巧派上用场。"

　　他长大后，和太太组建了一个家庭，有了好几个孩子，这促使他更加倍努力以追求成功。他说："后来我成为一家商店的经理，但我非常渴望给家人一个舒适的生活，所以，我知道我必须赚更多的钱。"

　　当他为自己的未来制定目标时，父亲很久以前曾对他说过的那句话又再次出现在脑海中："儿子，是时候了。"这句话一直影响着他，让他明白时间是珍贵的赏赐，要善加利用。从他开始工作的那一刻起，他就明白："当你在一个零售的环境里工作，你面对你的客户，你必须好好运用每一分钟。你必须跟着客户，满足客户的需求，最后达成交易。你不能浪费一分一秒。"

　　坎贝尔的故事告诉我们的就是时间管理的重要性，当我们明确了自己心中真正想要的，并沿着确定的目标坚持走下去的时候，学会管理时间，将人生的每一秒运用得当，会让你更快地接近目标，也会为你带来事半功倍的做事效果。

2. 喜欢自己，培养健康的心理

对于一个正常人来说，适当程度的自爱症是健康的表现也是成熟的表现。换句话说，要想活得健康、成熟，"喜欢你自己"是必要条件之一。这里所说的喜欢自己不是"充满私欲"的自我满足，而是一种清醒的、实际的自我接受，并伴以自重和人性的尊严。

1.成熟的人都懂得喜欢自己

心理学家马斯洛在其著作《动机与个性》中对"自我接受"定义道："新近心理学上的主要概念是：自发性、解除束缚、自然、自我接受、敏感和满足。"

成熟的人不会在晚间躺在床上比较自己和别人不同的地方。他可能有时会批评自己的表现，或觉察到自己的过错，但他知道自己的目标和动机是对的，他仍愿意继续克服自己的弱点，而不是自怨自艾。

成熟的人会适度地忍耐自己，正如他适度地忍耐别人一样。他不会因自己的一些弱点而感到活得很痛苦。

喜欢自己，是否会像喜欢别人一样重要呢？至少我们可以这样认为：憎恨每件事或每个人的人，只是显示出他们的沮丧和自我厌恶。

哈佛大学教授怀特在《进步：性格自然成长的分析》中谈起了目前社会很流行的一种观念：人应该调整自己去适应环境。怀特反驳说："这种观念认为一个人的理想状态就是能成功地压抑自己以适应狭窄的生活方程式，而不问这样做的结果是使人失去个性、目标和方向，影响了人创造与发展的潜能。"

的确，很少人有勇气特立独行或直面真实处境。我们在行动之前就被社会文化和经济观念限制住了。从吃饭、穿着到生活方式和观念，我们和邻居如此相似。一旦我们某个不一样的行为与这种环境相异时，我们就会变得精神紧张或神经过敏，甚至厌恶自己。

秦琦出身平凡但独立聪慧，大学毕业后嫁给了自己的校友——一位年轻有为的富二代，此后进入自己所完全不熟知的社交圈。在她眼中，这个所谓的富人圈子里横行着以社会地位和金钱数量来权衡人的标准，而自己温柔、谦虚的性格在这里并不是优点反而是缺点。她越来越自卑，直到讨厌自己。

实际上，秦琦的问题不在于她无法适应环境，而在于她无法适应和接受自己，无法心平气和、快快乐乐地接受自己。她没有彻底明白一个人只能按照自己的性格而不可能按照别人的性格来行事。而通过秦琦的例子我们要明确的一点就是，我们不能用别人的标准来衡量自己，我们要学会明确自己的价值观，要善于和自己相处，这样才能自信地生活，消除厌恶自己的情绪。

2.看到优点才能完善自我

夸大自己错误的程度和范围是讨厌自己的人经常做的事情之一，适当的自我批评是好事，有利于一个人的成长。但是演变为一种强迫性的观念时，就会使我们不能聚集力量做积极正面的事。

很多不自信的人遇事时总感到胆怯和自卑。看着别人好像都很沉着、自信。而只要一想到自己的缺点就感到泄气，甚至无法自如地说话。

每个人都有自己的缺点，但问题的关键不在于你的缺点，而在于你有多少优点。

决定一件艺术品和一个人的最终因素不是缺点。莎士比亚的作品中充满了历史和地理的基本常识的错误，狄更斯则尽力在小说中渲染伤感的气氛。但这些缺点并不妨碍他们成为一流的文学大师，因为优点才是最终的决定因素。我们在交朋友的时候也会感到对方缺点的存在，但是我们喜欢和他们交往是因为我们喜欢他们身上的优点。

自我完善的实现依赖于对优点的发挥，取长补短，而不是整天惦记着自己的缺点。

对以前和当前错误的过分计较会导致一个人的罪恶感和自卑感快速滋长，不用很久，我们就不再尊重自己，而是习惯性地先痛打自己五十大板。所以，我们一定要让以前的事情沉到水底，然后游到水面上来重新呼吸新鲜的空气。

要学会喜欢和接受自己，首先必须挖掘自己对缺点的包容之心。包容不代表我们要降低对自己的要求，然后躺在床上睡大觉，而是明白人无完人。对别人求全责备是不公平的，要求自己完美则是一种极端的苛求。

嘉嘉是个绝对的完美主义者。她要求自己做什么事情都没有疏漏。但在别人眼里，她是个失败的人。一个简单的报告她需要折腾几个小时，耽误了自己和别人的时间；一篇主题演讲她什么都要涉及和讲解，结果让听众百无聊赖；她绝不接待临时到访的客人，因为她没有任何准备。她绞尽脑汁追求完美。事实上，她的确做到了一种形式意义上的完美，但直接的代价是毁掉了生活中的理解、自然和乐趣。其实，她所追求的完美并非完美本身，她是想超越别人，因为她不想自己在优点方面和别人处在同一水平线上。她总想鹤立鸡群。所以，她做事并不是出于发挥自己已有的才能，她并不能享受工作和生活的欢乐，只是为了超过别人，让自己在高高的完美的架子上昂起头。

人无完人，强迫性的对完美的追求一旦不成功，这个人就会变得讨厌，甚至憎恨自己。

人不能时时刻刻都处在特别认真的状态中，学着喜欢自己的前提之一，就是能偶尔放慢行进的脚步欣赏自己。

　　马里兰州的精神病协会董事巴蒂梅尔说："过去的人习惯在睡觉之前回想一下当天的活动，做一下反省。现在的人好像已经很少用了，实际上，这仍然是一个有用的办法。"

　　除非我们能与自己好好相处，否则很难期待别人会喜欢与我们在一起。因为"我们只有在与自己内心相沟通的时候，才能与他人沟通"。

3. 享受现在，没有人生来完美

在这个世界上，不是每个人生来就出众，也不是每个人都能完美实现自己的梦想，英国精神分析学家威尔弗雷德·鲁普莱希特·比昂说："当我们能够接受了一定的不完美时，我们才有可能去看到美好的东西。"

也就是说，只要你能够坚持自己的梦想，并且努力让自己活得更美好，不迷茫，不依附，有自尊，独立，你就一定能活出属于自己最大的精彩。而这一切的前提就是要学会欣然接受你所处的生命阶段。要做到这一点，就要学会不逃避地接纳自己。

1.接纳现阶段的自己

很多时候，我们现阶段的痛苦，是因为我们认为自己不够好，别人做什么都比自己好。诚然，认识到自己的不足与缺陷是我们提升自己的动力，然而，如果让自己深陷其中无法自拔，那就是不明智的了。所以，请接纳自己，喜欢自己，欣然接受你所处的生命阶段，世界上只有一个你，善待自己，你将获得对自己的认同和理解。

心理学上有所谓的自我保护功能概念，它能让人在一定的时间内慢慢地接受自我，最终无条件地接纳自己。举例来说，当一个人因为不幸做了截肢手术后，刚开始的一段时间内几乎一直生活在痛苦中，有些病人甚至会有强烈的自杀欲望，但是，等到手术6个月之后，如果这个人之前没有自杀成功，那么，其自杀的愿望就会越来越弱，最终被自己慢慢遗忘，这就是自我保护功能在起作用。

自我保护功能让我们更容易在这个世界上生存下去。如果我们一直都只记得那些曾经让我们痛苦的事情，始终放不下，那么，我们终其一生都只会因痛苦不堪而活不下去。所以，过去虽不该被遗忘，但也不该被念念不忘，如果一味地执着于失去的话，就会蒙蔽住自己的心与眼，当然也就看不到自己当下生活的美好了。

2.不逃避自我

很多在充满爱的环境中长大的孩子刚开始时都会对自己的人生充满信心，但是，随着成长的开始，接触的人、经历的事越来越多，就会发现原来自己并不是最独特的那一个，甚至于开始否定以前的自己，逃避自我。

其实，人生本就是在莫名自信和自卑中摆动，最终寻求到中间的那个平衡点——充分认识到自己到底是个什么样的人。所以，对于自己，我们应保持一种积极的态度，学会正视自身的一切，这样才能获得真正的成长。

不因自身优点而骄傲，也不因自己的缺点而自卑。举例来说，在面对自己的人生时，如果你选择逃避自己，那么最终你的人生只会越走越黑暗，变得越来越没有安全感。

我们常会看到，一些大学生在校时成绩很好，甚至可能从小就是父母的骄傲、别人的榜样，然而刚踏入社会时却发现一切与自己想象中的出入很大，一直找不到理想的位置，心里备受打击，甚至对自己产生怀疑，背上了自卑的包袱，从此一蹶不振，再也找不回那个当初意气风发的自己。或者，因为初入工作岗位经验不足曾经被他人挑剔，所以有些人也渐渐地开始用挑剔的目光看待自己，甚至从此再看不到自身的长处与优点，产生自我厌弃。然而，不管现阶段的你是怎样的，只有无条件地接受自己，我们才能让自己的人生走向更好的未来。

这里所提倡的无条件地接纳自己，指的是不管我们外表如何——美丽，平凡，甚至是丑陋；不管我们能力如何——过人，平庸还是低人一等；不管我们性格如何——被人喜欢的，不被人喜欢的……这些都是我们的一部分，我们要做的是正视它，而不是逃避它，因为只有正视才能发现缺点并改正，也只有正视才能做到不妄自菲薄，自怨自艾。

一个人能坦然接受并改正自己所有的弱点，不再因别人的目光而焦虑，不再因外界的声音而错失生活中的美好，才能成就理想中的自己。

4. 管理时间，别让自己输在明天

　　喜欢拖延的完美主义者有一些钟爱的信念，它们看起来非常像"真理"，但是它们不但没帮助你进步，反而为你的拖延鸣锣开道。

　　当我们处于不同的环境、不同的年纪，甚至是不同的心绪时，我们对待时间就会有不同的看法，通常，这些看法之间还是相互矛盾的。比如：当一个人需要料理的事情太多时，他总是感到"时间不够支配"；但是，当一个人无所事事时，就又感到"不知如何消磨时间"。由此可见，一般人对时间的态度是极为主观的，甚至是错误的。

1.树立正确的时间观念

　　各种时间观念之中，下列几种观念特别不利于我们对时间的有效运用：

（1）视时间为主宰

如果我们选择了视时间为主宰，那就意味着我们将一切责任都交托在了时间手中，这个时候，它被当作了一种信念。我们会选择深信"这只是时间问题""岁月不饶人"这一类的说法。这个时候，是不是觉得时间犹如驾驶员，你只是其中的一位好乘客？

如果你真的如此认为，那么你就进入到了一个重形式而不重实质的认知当中。你所做的事情就会变成，虽然感觉自己需要更多的休息，但依旧每天在同一时间起床，尽管自己在那个时间并不感到饥饿，但依旧每天总是在同一时间进餐。

除此之外，有些人更是恪守固定的时间办事而不愿稍作变动。比如：虽然6点5分的那趟班车不愁没有座位，但是很多人依旧总是赶6点整那趟拥挤不堪的班车，哪怕根本挤不上去。

（2）视时间为敌人

那些视时间为敌人的人，会经常将时间当作能够超越与打击的对象。这种类型的人往往非常喜欢给自己设定难以完成的时限，以便于自己能够"打破纪录"或"刷新纪录"。比如：有些人开车上班的过程中，总是喜欢寻找捷径，以便自己能够创造纪录。对这种人来说，好像这样节省下来的一点儿时间，都是最有用的。

有些人，不管在任何约定的场合，都会因早到而感到"胜利"，因迟到而感到"沮丧"。这种"胜利"或"沮丧"的感觉，仅仅只是针对时间早晚本身而产生。比如，因为约会时迟到一两分钟，有些人会感到非常沮丧，虽然对方并不觉得这有什么不妥，但他们却会因自己与时间打输了一场仗而感到沮丧。

（3）视时间为神秘物

视时间为神秘物的人大多数都认为时间是高深莫测的。所以，他们对待时间的态度，就会近似于他们对待自己身体的态度。举例来说，他们很少检查自己的身体，除非是他们的肠胃真的出了毛病。同样的理论，他们在生活中很少意识到时间的存在或时间的重要性，除非他们对时间的使用受到了限制。

像这种视时间为神秘物的人，大多会因为忽视时间的各种限制，能够专心致志地工作，其实，这对于我们来说，未尝不是一种长处。但是，时间对绝大多数人来说都是吝啬的，不能真正了解时间的这种吝啬，我们就无法适当地从事时间的调配。

2.明天不是万能的

培根说："不得要领的瞎忙，却等于乱放空炮。"美国的时间管理之父阿兰·拉金也曾提醒我们，勤劳不代表有好报，要学会聪明地工作。很多时候，一个人只有善于利用时间，善于针对问题投入时间，才能够提高效率，避免瞎忙。

一位教授在课下与学生聊天时曾问过那些住处离尼加拉瀑布很近的人去没去过那里。结果让他感到非常意外，摇头的比例非常之高，追问原因，学生的回答很简单："因为近，心想反正什么时候要去都成，所以一直拖下来。"更令这位学者想不到的是，这些学生多半都去过需要几天车程的佛罗里达，或更远的夏威夷。

这则事例体现出了"拖"给我们带来的影响。很多时候，一些拖时间的人，不一定是没有时间，很有可能他们拥有着充裕的时间；拖欠债款的人，常会选择在手头有钱时拖着不还，直到手里再次没有钱；习惯性拖延不给朋友回信的人，常常做的事情是把信放在案头，天天想着一定要回信，却一拖就是几个月。

其实，他们的这种心理十分常见，回忆一下，我们是不是在做事时心中会想着："不急嘛！时间还很宽裕！""不急嘛！还有一些时间的！""不急嘛！到时候差不多可以赶上！""不急嘛！运气好的话，我不会迟太多的！""不急嘛！别的人也不可能准时的！"……

甚至，当已经晚了或是迟了后，也总是在心里这样安慰自己："不急嘛！反正已经迟了！"问题是，这样一拖就不知拖去了多少时间，不仅伤害了别人，同时更让我们本身失去了宝贵的光阴和成功的机会。那么，如果我们就是爱拖延，该怎么办？答案是："不要拖！立刻行动！"

当我们把心里面那些"不急嘛！""不急在今天！""时间还多！"的意念完全抛开，告诉自己"立刻行动"时，拖延的毛病就自然被克服了。

第七章

转变心态，做内心强大的自己

1. 学会承担，让自己成熟起来

娜娜是个刚满3岁的小女孩，家里人都将她视作掌上明珠。一天，娜娜想将客厅的一把小椅子搬到厨房去，因为她想站上去拿冰箱里的东西。奶奶看到这一情景，急忙冲过去，但还是没能阻止她从椅子上摔下来。奶奶扶起哇哇大哭的娜娜，一边查看她摔伤了没有，一边用手打椅子，嘴里还十分生气地骂道："都是你这坏家伙，害得我们娜娜摔了一跤！"

在日常生活中，如果你留心一下幼儿的生活，你一定会听到或见到更多类似的故事。很多大人之所以这样做是认为这样能转移孩子的注意力，减轻孩子跌倒的痛苦，但却疏忽了这种行为对孩子的影响，让他们误以为把本该由自己承担的责任推到那些没有生命的东西上，或是毫不相干的人物身上是很正常的。如果这种行为变成习惯持续到成人期，那势必会给自己带来许多麻烦。

1.学会承担责任才能真正长大

一个人要让自己变得成熟，首先要做的就是让自己学会承担责任。我们生活在这个世界上，必须面对生命中的许多责任，在受难或跌倒的时候，绝不可像孩子一样去拿椅子出气。

可是，为什么生活中有如此多的人喜欢让他人去承担责任呢？细想一下便会知道，因为责怪别人比自己承担起责任要容易得多。想想你自己是否经常责怪父母、老板、师长、丈夫、妻子或儿女，甚至喜欢责怪祖辈、政府，以及整个社会，更有甚者还会责怪自己为什么会来到这个世上。

在不成熟的人眼里，他们永远都可以找到一些理由，而且是外部环境的理由，通过这些来解脱他们自身的某些缺点或不幸。比如，他们的童年极为穷困、父母过于贫苦或过于富有、没有受过良好的教育、教导方式过于严格或过于松懈、健康情况恶劣等。

在家庭生活中，也有人埋怨丈夫（妻子）不了解自己，或是命运与自己作对——你有时不禁会感到奇怪：为什么这个世界要一起来欺负这些人呢？对这些人来说，他们从没想过要怎么去克服困难，而是先去找一只替罪羊。

卡耐基曾在自己的书中讲过这样一个故事：在我班上曾经有一名学员跑到办公室来找我。那天，我们的课程是训练学员记忆别人的姓名。那位学员向我这么说道："我希望你不要指望我能记住别人的姓名，这正好是我的弱点，我的记忆力一向都不好。"

"为什么呢？"我问道。

她回答："这是我这个家族所遗传的。我家族的记忆力一向都不好，所以，我也不期望在这方面有什么改善……"

我诚恳地说："姑娘，你的问题不在遗传，而在一种惰性。因为你认为责怪家族的遗传比努力提高自己的记忆力要容易得多。你现在坐下来，我可以证明给你看。"

在她坐下来之后，我帮助她做了几个简单的记忆训练。由于她十分专心，因此收到了非常好的效果。当然，要她改变原有的观念还需要一些时间。由于她愿意接受我的建议，终于克服了记忆上的困难，记忆力得到了很大改善。

一个真正成熟的人在遇到困难时，绝不会只想着从别人身上找原因，因为他清楚，这样根本无法解决问题，而只有勇于承担责任，才能获得真正意义上的成长。

2.别把困难当成逃避责任的借口

著名医师威廉·戈夫曼写过一篇极精彩的论文《乳儿精神病学》。文中提到目前日益增多的"心理密医"是如何把大家宠坏了。戈夫曼医师指出，许多向心理医生求助的人，通常喜欢为自己的弱点及与世俗格格不入的行为找出一个心理学上的借口，这样他们就仿佛得到了某种精神上的安慰。当心理学一直为那些不能面对成人世界的人寻找托词的时候，更有许多人继续把他们所遇到的困难，归咎于各种外界因素。

在那些喜欢逃避责任的人眼里，困难就是他们最好的挡箭牌。你也许听过许多人把失败原因归咎于没有受过大学教育。事实上，就算这些人真的接受了大学教育，他们仍能为自己找出许多理由。而一个真正成熟的人则不会如此，他们不会找借口去逃避困难，而是去想尽办法克服、战胜困难。

历史上，许多举世闻名的人物都有身体上的缺陷。如拜伦爵士长有畸形足，朱利亚斯·恺撒患有癫痫症，贝多芬后来因病成了聋子，拿破仑则是有名的矮子，莫扎特患有肝病，富兰克林·罗斯福则是小儿麻痹症患者，而海伦·凯勒更是从小就又聋又盲……而他们取得的成就又有几人不知呢？

洛埃·史密斯曾写过一本极富鼓舞性的传记——《一个完整的生命》，这篇故事的主人公叫艾莫·赫姆。艾莫·赫姆出生在俄亥俄州的亨特维，当时他的医师如此说道："这婴儿活下来的概率不大。"

但是赫姆还是活了下来。他28岁的时候，成了卫理公会的传道士。他曾历经两次致命的事故，都没有对生活失去信心，反而引起有名的巧克力制造商约翰·惠勒的注意，在经济上帮了他不小的忙。

几个月过去后，这位倒在死神门口的传道士，顺利地出院了。

艾莫·赫姆开始兴建教堂，募集传道基金，并时时帮助当地的学校和医院。

这名"单肺"传教士募集了将近三百万美元，以从事他认为有意义的慈善活动。他到了69岁的时候"告老退休"，但还是选择继续从事其他工作。

此后，他举办了上千次的讲道、写了两本书、为教会和其他慈善机构募集了五十万美元，并且担任二十余所专业学校的董事，个人捐助五万美元以兴建在加州大学附近的一所教会。

90年来，他虽然因右半身严重受伤而时常痛苦不已，但他还是没有向死神屈服。

艾莫·赫姆从不知"缺陷"这两字的意思。他只知道自己有生命，而且这生命是有它的目的的。他把自己有生的90多年充分使用，并使自己的名字成为"勇气"的代名词。

不可否认，凡是有所成就的人都不会在困难中绝望，而是勇敢地去面对它、接受它，然后想办法加以克服、解决。他们不会去乞怜、不会绝望，也不会去找借口推脱责任。

正如萧伯纳所说："人们时常抱怨自己的环境不顺利，因此使他们没有什么成就。我是不相信这种说法的。假如你得不到所要的环境，可以制造出一个来啊！"

2.树立信念，找到治愈心灵的力量

美国耶鲁大学教授席格博士认为，如果一个人坚信自己是个什么样的人，那么，他的精神系统就会对自己传达这个指令。而现代医学的很多临床实践证明，信念有时确实能在治愈疾病的过程中起到重要作用。所以，当我们遇到了挫折不知所措、找不到方向的时候，不妨给自己树立一个信念，相信这个信念具有强大的力量，并授权给这个信念来治愈自己的心灵。

1.信念鼓舞我们勇往直前

李太太是个快乐、平凡的家庭主妇。她的生活一直风平浪静，直到有一天发生了一场可怕的车祸，使她毫无防备地掉入深渊。

　　刚开始，医生诊断李太太的脊椎骨断裂。后来，根据X光显示，虽然她的脊椎骨并没有碎开，但骨骼表面仍因擦伤而长出刺状物。医生嘱咐她卧床静养三个星期，与此同时，还带来另一个使人难过的消息。医生告诉她，由于她的脊椎骨有严重的僵硬现象，也许再过五六年，全身就会无法动弹。

　　李太太在描述当时的心情时，是这样说的：

　　"听完医生的话后，我愣住了。我一向活泼好动，又从没遇到过不顺利的事。但现在，不幸终于发生了。卧床静养的时间由三个星期延长到四个星期，然后是五个星期、六个星期……我的勇气和乐观在我听到诊断后消失无踪，取而代之的是无尽的恐惧……我感觉自己在一天天地衰弱下去。

　　"一天早晨，我从梦中醒来，当时的思绪比往时都清醒。我告诉自己，我还有五年的时间，我可以为家人做许多事情。只要我继续用药物治疗，并且有决心战胜病魔，说不定还能改善自己的状况。我不想毫无奋斗便宣告投降，一定要尽可能地勇往直前。由于我非常坚定这个信念，并且又下了决心立刻有所作为，这么一来，恐惧和无力感立刻消失不见。我挣扎着起床，想要立刻开始自己不寻常的新生活。

　　"我找了两个字当成座右铭，时时不停地提醒自己：向前、向前、向前！

　　"这是五年半以前的事。现在我去医院做检查，医生告诉我我的脊椎骨的情况良好，看起来可以继续维持下一个五年。医生要我乐观地对待生命，保持愉快的心境，并且继续向前行。这正是我的信念。只要我身上的肌肉还能活动，我一定鼓足信心勇敢地走下去。"

　　李太太的故事是众多依靠信念与疾病斗争，并取得胜利的真实事例中的一个。所谓依靠信念战胜疾病，并不是什么唯心主义的说法，而之所以会出现这样的结果，是因为，信念具有鼓舞人心的力量。

2.比树立信念更重要的是实践信念

　　雷纳先生在10年前继承了一笔价值10万美元的产业，但是10年过去后，他却宣告破产。这10年究竟发生了什么事呢？以下是雷纳先生的口述：

　　我父亲不仅拥有成功的事业，而且为人慷慨。在我上高中的时候，只要我需要钱用，他都允许我用银行的账号开支票。到了我上大学的时候，我更是精于此道。当时我根本不知道钱的价值，更不知道用什么方法去赚取，我唯一知道的是如何用父亲的账号去签写支票。

我一直采取这样的花钱方式直到父亲过世。父亲去世的时候，留给我一块相当大，而且价值相当高的土地，位置就在密苏里河下游靠近莱辛顿一带。我开始以农夫自居，但没过多长时间，大萧条横扫全国各地，我第一年的财务便呈现严重赤字。我抵押了一片土地去偿还债务和填补银行欠款，但仍起不了大的作用，最后不得不把那片抵押的土地以极低的价格出售。由于我仍需要花钱，便又以同样的方法陆续把田地抵押，并最终出售给别人。

最后，算总账的日子终于来临了。我知道我已经什么都没有了，如果我要继续活下去，就必须出去找工作——那是我以前从未做过的事。我感到非常痛苦与不知所措。

一天晚上，我被噩梦惊醒，也终于知道自己必须去面对事实。我对自己说：滑雪橇的童年日子已过，现在你已长大成人，应该去做一些大人的事才行。起来吧，要起来工作！

除了面对现实中的困难外，我也开始找出自己究竟信仰什么。曾经，我一直跟随众人的思想，认为美国是个充满机会的国度，只要努力，便能达到追求的目标。现在，虽然正值萧条时刻，工作机会不多，但我个人毕竟有一些特长。

我拥有一个健康的身体、一张大学文凭，还有一些从失败和错误中所得到的经验和体会。现在，我需要的是采取行动，而不是浪费时间去感叹自己的不幸遭遇或沉浸在悲伤中。

对于我自身的情况来说，要想轻易找到一份工作几乎是不可能的。但是，我不能让自己颓丧下去，我必须强迫自己用信心来取代恐惧和疑惑。我要相信只要有信心、决心，每个人都会有自己的立足之地。就是这份信念在支撑着我，使我不轻言放弃。

最终，这份信念得到了事实的证明。我在堪萨斯市的一家财务公司找到工作，并在那里愉快地工作了四年。后来我把工作辞了，再度回到家乡。这一次，事情进行得非常顺利。我慢慢建立起自己的信用，并逐渐扩大事业的范围。我买进卖出，从中获得不少利润。我感激多年来失败给我的教训，这一次，我终于踏上了成功的大道。

我先前失去的产业，都被我重新赚了回来。我的努力没有白费，但这已经不重要了，重要的是把这些宝贵经验都传给我两个儿子。这比只给他们财富要有意义。

在经历了如此多的事情后，我得出一个结论，我们必须树立一个信念。假如没有信念去采取行动，一切仍然是徒劳无功；当然，只有信心而不付诸行动，信念也起不到任何作用。

正如雷纳先生所言，要想有所作为，仅有信念是不够的。信念的好处是能增强勇气，使我们在接受考验的时候，不至于临阵退却，但除非我们以信念做基础，然后付诸行动，否则任何大道理与原则对我们都无济于事。

人们的信念往往是依靠行动表现出来的，只有行为才是有效的。如果我们不表现出行动，任何理论即使叫得震天响，对我们也丝毫起不到作用。所以，当我们有了坚定的信念，一定要记得马上付诸行动。因为很多时候，人不是因为没有信心而跌倒，而是因为不能把信念化成行动，并且不顾一切地坚持到底。

3. 活在当下，不抱怨的人生最快乐

人之所以为人，必须充满精力、自我反省、自我更新、自我成长，而并非向他人抱怨。

1.重要的是做"手边清楚的事"

1871年春天，有一个年轻的生命正充满了各种忧虑：担心毕业以后该到哪里去、担心怎样通过期末考试、怎样才能生活等。有一天他看到一本书，读到了一句对他前途产生莫大影响的话。这使他顿时高兴起来，他是蒙特瑞综合医院的医科学生威廉·奥斯勒。

威廉·奥斯勒在1871年所看到的那句话，使他成为他那一代最为著名的医学家，创建了全世界知名的约翰·霍普金斯医学院，并且成为牛津大学医学院的钦定讲座教授——这是在英国学医的人所获得的最高荣誉，还被英国国王封为爵士。可以说，他无忧无虑地过完了他的一生。

那么，他在1871年春天所看到的那句话是什么呢？其实，这句话出自汤玛士·卡莱里："对我们来说最重要的，就是不要看远方模糊的事，而要做手边清楚的事。"

42年之后，在郁金香开满校园的一个温和的春夜，威廉·奥斯勒爵士给耶鲁大学的学生作了一次演讲。他对学生们说，像他这样一位曾在四所大学当过教授，并且写过一本很受欢迎的书的人，似乎应该有一颗"特殊的头脑"，但事实并不是这样。他说他的一些好朋友都知道，他的脑筋是"最普通不过了"。

然而，他成功的秘诀到底是什么呢？威廉·奥斯勒爵士认为这完全是因为他生活在一个"完全独立的今天"。他这句话是什么意思呢？就在奥斯勒爵士去耶鲁大学演讲的几个月之前，他搭乘一艘大型海轮横渡大西洋，有一次看见船长站在船舵室中按下一个按钮，立即听到一阵机械运转的声音，轮船的几个部分立刻彼此隔绝开来，成了几个完全防水的隔离舱。

奥斯勒爵士对那些耶鲁大学的学生说：

"你们每个人的组织都要比那条大海轮精妙得多，所要走的航程也远得多。你们也必须学习那位船长，知道怎样控制一切，你们要活在一个'完全独立的今天'，这才是在航程中确保安全的最好方法。到船舱室去，你将会发现那些大的隔离舱至少都可以使用。按下按钮，用铁门把过去隔断——隔断已经过去的那些昨天；再按下另一个按钮，用铁门把未来也隔断，隔断那些尚未到来的明天。然后你就保险了，可以生活在'和别的日子完全隔绝的今天'。要时刻记住：你有的是今天，切断过去，埋葬掉已逝的过去，切断那些会把傻瓜引到死亡之路的昨天。明天的重担加上昨天的重担会成为今天最大的障碍，要把未来和过去都紧紧地关在门外，记住你只有今天，未来就在于今天，没有明天这个东西。人类得到救赎的日子也就是现在。精神的郁闷、精力的浪费，都会紧紧跟随着一个为未来担忧的人。把船前船后的隔离舱都关掉吧，准备养成一个良好习惯，生活在'完全独立的今天'。"

当然，奥斯勒博士不是要求我们不必为明天而学习。他的意思是说，为明日做准备的最好方法，就是集中你所有的智慧和热诚，把今天的工作做得尽善尽美，这就是你能应对未来的唯一方法。

2.别为明天担忧

我们要学会为明天着想，要为此仔细地考虑、计划和准备，但不要担忧。

卡耐基在访问了世界著名的《纽约时报》的发行人亚瑟·苏兹柏格时，苏兹柏格先生告诉他，当第二次世界大战的战火燃烧到欧洲时他非常吃惊，对未来充满了忧虑，使得他几乎无法入睡。他会常常在半夜爬起来，拿着画布和颜料，对着镜子，想给自己画一张自画像。尽管他对绘画一无所知，但他还是画着，以此来稳定自己的情绪。苏兹柏格先生说，他因为一首赞美诗里的一段话才消除了忧虑，得到了平安。这段话是：

"只要一步就好了。

指引我，仁慈的灯光……

请你常在我身旁，我并不想看到远方的风景，

只要一步就好了。"

这个"一步"，就是今天，现在所需要做的。

每个人在目前的这一瞬间，都站在两个永恒的交叉点上——这个点已经永远地过去了，并且延伸到了无穷无尽的未来。但是，我们不可能生活在这两个永恒之中，哪怕是一秒钟都不行。如果我们想那样做的话，就会毁掉自己的身体和精神。我们要满足于目前所生活的这一刻。从现在起直到我们上床，不论任务有多重，每个人都能支撑到夜晚的来临，不论工作有多么辛苦，每个人都能干好他那一天的工作，每个人都能很耐心、很甜美、很可爱而且很纯洁地活到太阳下山，这就是生命的真谛。

当然，人性中最可悲的一件事，就是我们所有的人都拖延着不去生活，都梦想着在天边有一座奇妙的玫瑰园，而不能欣赏今天就开放在我们窗口的玫瑰花。我们大多数人也是这样：为昨天的果酱发愁，为明天的果酱发愁，却不会把今天的果酱厚厚地涂抹在我们正在吃的面包上。就连法国伟大的哲学家蒙坦，也曾犯过同样的错误，他说："在我的生活中，曾充满了可怕的不幸，而那些不幸以前大部分从来没有发生过。"我的生活和你的生活，也都是如此。

　　生命正在以令人难以置信的速度飞速流逝，今天才是我们最值得珍惜的，也是我们唯一能真正把握的时间。所以，对于如何掌控你的人生，你应该知道的第一件事就是，"用铁门把过去和未来隔断，生活在完全独立的今天"。

4. 换个角度，世界因你而不同

弥尔顿曾说："心灵，是它自己的殿堂：它可成为地狱中的天堂，也可成为天堂中的地狱。"

在困境中，人们往往看不清楚方向，正所谓"云深不知处"，这时保持积极向上的心态至关重要。

有人抱怨每一朵玫瑰花上都有刺，有人高兴每一根刺旁都有花。换个角度看问题会使你得到满足，会使你拥有快乐——世界只有一个，换个角度看，你就会发现美好的、与众不同的第二个世界。

1.你的态度决定了你过怎样的人生

克雷孟特是美国一家餐厅的经理，他总是有好心情，当别人问他最近过得如何，他总是有好消息可以说。

　　当他换工作的时候，许多服务生都跟着他从这家餐厅换到另一家，为什么呢？因为克雷孟特是个天生的激励者，如果有某位员工今天运气不好，克雷孟特总是适时地告诉那位员工往好的方面想。

　　这样的情境真的让人很好奇，所以有一天有人问克雷孟特："很少有人能够老是那样的积极乐观，你是怎么做到的？"

　　克雷孟特回答："每天早上我起来告诉自己，我今天有两种选择，我可以选择好心情，也可以选择坏心情，我总是选择好心情。即使有不好的事发生，我可以选择做个受害者，也可选择从中学习，我总是选择从中学习。每当有人跑来跟我抱怨，我可以选择接受抱怨，也可选择指出生命的光明面，我总是选择指出生命的光明面。"

　　"但并不是每件事都那么容易啊！"那人抗议道。

　　"的确如此。"克雷孟特说，"生命就是一连串的选择，每个状况都是一个选择，你选择如何响应，你选择人们如何影响你的心情，你选择处于好心情或是坏心情，你选择如何过你的生活。"

　　数年后，克雷孟特意外地做了一件人们想不到的事：

　　有一天他忘记关上餐厅的后门，结果早上三个武装歹徒闯入抢劫，他们要挟克雷孟特打开保险箱，由于过度紧张，克雷孟特弄错了一个号码，造成抢匪的惊慌，开枪射击克雷孟特。幸运地，克雷孟特很快被邻居发现，紧急送到医院抢救。经过十八个小时的外科手术以及精心照顾，克雷孟特终于出院了，但还有块弹片留在他身上。

　　事件发生6个月之后，克雷孟特的朋友遇到克雷孟特，问他最近怎么样，他回答："我很幸运了。要看看我的伤痕吗？"朋友婉拒了，问当抢匪闯入的时候，他的心情是怎样的。

　　克雷孟特答道："我第一件想到的事情是我应该锁后门的。当他们击中我之后，我躺在地板上，还记得我有两个选择：我可以选择生，也可以选择死。我选择活下去。"

　　"你不害怕吗？"朋友问他。

　　克雷孟特说："医护人员真了不起，他们一直告诉我没事、放心。但是在他们将我推入紧急手术间的路上，我看到医生跟护士脸上忧虑的神情，我真的被吓着了，他们脸上好像写着'他已经是个死人了'，我知道我需要采取行动。"

"当时你做了什么？"朋友问。

克雷孟特说："嗯！当时有个高大的护士用吼叫的音量问我一个问题，她问我是否对什么东西过敏。我回答'有'。"

"这时医生跟护士都停下来等待我的回答。"

"我深深地吸了一口气喊着：'子弹！'"

"这时医生和护士都笑了，他们脸上的忧虑神情也都渐渐消失了。等他们笑完之后，我告诉他们：'我现在选择活下去，请把我当作一个活生生的人来开刀，不是一个活死人。'"

克雷孟特能活下去当然要归功于医生的精湛医术，但同时也由于他令人惊异的态度。我们从他身上能够学到，每天你都能选择享受你的生命，或是憎恨它。真正属于你的权利——没有人能够控制或夺去的东西，就是你的态度。如果你能时时注意这个事实，你生命中的其他事情都会变得容易许多。

2.心态积极才能战胜困难

陈锋几年前因肝脏急症入院，康复后却发现自己并发有肾炎。他遍访各地名医，偏方也都试过，但却都医治不好。不久，他的血压也升了上去。他去看医生，医生告诉他，他的病情很危险，让他最好先安排好后事。

陈峰说："我回到家，查了我的保险都还有效，我便陷入了消沉。我把每个人都弄得不痛快。我们全家一片愁云惨雾，我陷入其中不能自拔。过了一个礼拜自怨自艾的日子后，我对自己说：'你简直像个傻瓜！你可能一年内都死不了，为什么不让眼前的日子好过点呢？'

"我于是放松紧绷的肌肉，面带微笑，做出一切正常的模样。我得承认，开始都是装出来的——不过我一直在强迫自己开心，结果不但对我的家人有益，更帮助了我自己。首先我发现，我开始感觉好些了——简直像假装的一样好，情况越来越好，直到今天——过了我的死期好多个月，我不但开心、健康地活着，连血压也降了下来！我能确定的是：如果我一直让'快死了'的想法萦绕心中，医生的预测一定不会错的。相反的，我让自己的身体有机会自愈，完全是因为我的态度改变了。"

　　换个角度看世界，世界真的会不同。积极的心态很重要，它会让我们更有勇气，也更平和地面对矛盾和困难，有时甚至会为我们创造生命的奇迹。

5. 拒绝悲观，每一天都是新的开始

这个世界上有两种人：悲观的和乐观的。悲观的人态度消极，乐观的人态度积极。面对生活，悲观的人总是看到失望，甚至是绝望；相反，乐观的人却总是在失望中找到最后的一线希望。悲观的人，请记住：上帝如果对你关上了一扇门，它一定还为你留了一扇窗。

1.别让悲观占据你的心灵

一位父亲想对孪生兄弟做"性格改造"。一天，他买了许多色泽鲜艳的玩具给一个孩子，把另一个孩子送进了一间堆满马粪的车库里。

第二天清晨，父亲看到得到玩具的孩子正泣不成声，便问："为什么不玩那些新玩具呢？"

"玩了就会坏的。"孩子仍在哭泣。父亲叹了口气，走进车库，却发现那个被关在里面的孩子正兴高采烈地在马粪里掏东西。"告诉你，爸爸，"那孩子得意扬扬地向父亲宣称，"我想马粪堆里一定还藏着一匹小马呢！"

事实上，人所处的环境和自身的遭遇无所谓好坏，关键在于你如何去想。悲观的人和乐观的人的差别恰恰在于对待事情的不同看法上。沙漠中长途跋涉的两个人，口渴难耐，每个人的背包里只剩半杯水。一个人为只拥有半杯水而抱怨，另一个人却为自己还剩半杯水而庆幸，这就是悲观的人与乐观的人的区别。

一位心理学家曾经做过一个实验，他让一批学生打电话给陌生人，让他们为某赈灾机构捐款。当他们打了一两次电话而毫无结果的时候，悲观的学生说："我干不了这事。"乐观的学生则说："我要换个办法去试试。"这位心理学家认为：如果感到失望，那他就不会去掌握获得成功所必需的技能。

乐观的人会自信满满地面对每一天，就算出差错时，他们也总是尽力寻找原因，及时补救。在他们看来，成功应归功于自己的努力；而悲观者则是一味地抱怨，为自己寻找开脱的理由："我的运气不好""我没有一个好爸爸"……久而久之，对自己也产生了怀疑："我不太精明""我不够漂亮""我不够好""谁谁都比我强"等，把自己的成功视为一种侥幸。

有些人年纪轻轻，却显得非常苍老，因为他们整天愁眉不展，从来不会体会生活中的快乐；而有些人年纪已经很大了，却有一个很好的心态，整天容光焕发。乐观、豁达的胸怀能够使人精神抖擞、充满活力，不管是老人还是年轻人。所以，一个人的心态和年龄的大小没有关系。

如果一个人悲观失望，成天垂头丧气、无精打采，你能想象他冒风险、顶压力，克服种种困难，做出某种成绩来吗？你难得看到他眉飞色舞的样子，更别指望他能感染旁人。可能他按部就班，很难出大错，但他绝不会是做到最好的一个。

一个人具有豁达、豪爽的胸怀，才会生活得更加快乐。只有心情舒畅了，心态才会更加年轻。那些整天愁眉不展、处事死板、斤斤计较的年轻人，是不可能感受到生活中的幸福和快乐的。他们虽然具有年轻人的外表，但是年轻人的朝气早已流逝。

对于未老先衰的人，歌德说，年轻人，你为什么这么古板？换一种方法解决问题不是很好吗？我觉得你的行为非常愚蠢。你真的很可怜。而那些活力四射、精神抖擞的年轻人，歌德见到他们后则非常开心，称赞他们是未来的希望。

悲观是成功道路上的有害细菌，不断地繁殖扩散，把人的心灵笼罩在阴影之下，使人失去了进取的动力；而乐观则如同明朗天空中的阳光，给人以无穷无尽的斗志和勇气。所以，别让悲观占据我们的心灵。

2.克服失败的思维方式

你为什么预感自己会失败？无数次的失败经验将你推入黑暗的世界，享受不到成功的阳光，你想过没有，是谁挡住了你的阳光？

每一种心态和思维都是人们对人生的不同看法。在如铁一般的现实里，每个人都不可避免地遭受这样或那样的打击和挫折：因为考试落榜而精神萎靡，因为失恋而痛苦忧伤，因为无法适应快节奏的工作而丧失斗志……这些心理多半是人们意志薄弱、心态不成熟的表现，而这些异常的心理和悲观的心态往往影响人们对环境的正确看法，导致人生痛苦。悲观者实际上是以自己悲观、消极的想法看待客观世界。在悲观者心目中，现实是或多或少被丑化了的。现在社会上许多人对未来和生活都存在一种悲观的迷茫心理。他们对自己的过去，不管有无成败，不管有无辉煌，都一概加以否定，心理上充满了自责与痛苦，嘴上有说不完的遗憾；对未来缺乏信心，以为自己一无是处，什么事都干不好，在认知上否定自己的优势与能力，无限放大自己的缺陷。

戴高乐曾经说过："困难，特别吸引坚强的人。因为他只有在拥抱困难时，才会真正认识自己。"这句话没错，有时，我们需要把困难当成机遇。

你认真努力过吗？你愿意发挥你的能力吗？对于你所遭遇的困难，你愿意努力去尝试，而且不止一次地尝试吗？只试一次是绝对不够的，需要多次尝试。那样你会发现自己心中蕴藏着巨大能量。许多人之所以失败，只是因为未能竭尽所能去尝试，而这些努力正是成功的必备条件。仔细查看列出的失败清单，看看过去你是否已竭尽所能。如果答案是否定的话，试试克服困难的第二个重要步骤——学会真正思考，认真积极地思考。积极思维的力量是惊人的，失败是可以通过积极思维来解决的。

林恒在报上看到一则招聘启事，正好是适合他的工作。第二天早上，当他准时前往招聘地点时，发现应聘队伍里已排了20个人。大家排队时交谈了几句，他发现，这些人要么比自己学历高，要么比自己资历长，总之，看起来应聘条件大多比自己好。如果换成一个意志薄弱、悲观的人，可能会因此而打退堂鼓，但林恒却完全不一样，他认为自己应该动脑筋，他不往消极面思考，而是认真用脑子去想，看看是否有法子解决。于是，一个绝妙方法便产生了！

林恒拿出一张纸，写了几行字，然后走出行列，并要求后面的男孩为他保留位子。他走到负责招聘的女秘书面前，很有礼貌地说："小姐，请你把这张便条交给老板，这件事很重要。谢谢你！"

这位秘书对林恒的印象很深刻，因为他看起来神情愉悦，给人一种阳光、自信的感觉，所以，她将这张纸条交给了老板。

老板打开纸条，看后笑笑交还给秘书。她也把上面的字看了一遍，同样笑了起来，上面是这样写的："您好，我是排在第21号的应聘者。请不要在见我之前做出任何决定。"

你认为林恒能得到这份工作吗？其实，结果并不重要。像他这样遇事不气馁、会思考的人无论到什么地方都会有所作为。实际上，人们一生中会遇到很多诸如此类的问题，当你遇到问题时，认真进行思考，便更容易找到解决办法。

积极思考，就是克服失败的思维方式，学会积极思考非常关键。人必须调整心态，直到否定思维转变成肯定思维为止。每天都有一个愉快的开始，一天里所有的事则都会变好。